LA CELIMENE

COMEDIE

DE

ROTROV.

Accommodée au Theatre, fous
le Tiltre d'Amarillis
Paſtorale.

A PARIS,

Chez GVILLAVME DE LVINE, fous la
montée de la Cour des Aydes.

M. DC. LIII.

Auec Priuilege du Roy.

PERSONNAGES.

LISIMENE,	
BELISE,	Niece de Lisimene.
TYRENE,	Amoureux d'Amarillie.
AMARILLIS,	Bergere.
PHILIDAS,	Amoureux d'Amarillis.
DAPHNE',	Sœur d'Amarillis.
CELIDAN,	Amoureux de Daphné.
TROIS SATYRES.	
CLIMANTE,	Domestique de Daphné.

La Scene est au bord de Lignon.

AMA-

A

AMARILLIS

PASTORALE.

ACTE

SCENE PRF

LISIMENE

LISIM

E commence à vous voir, & vous n'avez
qu'à peine
Viſité ce grand bois & cette riche plaine
Vous arriuez, ma Niepce, en cet hen-
reux ſejour
Et vous oſez déja me parler du retour.

BELISE.

Ie confeſſe qu'icy ſans haine & ſans enuie
On gouſte les plaiſirs les plus purs de la vie

AMARILLIS,

La cabane me plaist bien plus que nos maisons ;
Les villes à mes yeux ne sont que des prisons,
Ie hay des Courtisans vne foule insolente,
Icy tout m'entretient, tout me rit, tout m'enchante,
Et de quelque costé que ie tourne mes pas,
I'y rencontre toujours quelques nouueaux apas.
Ce lieu comme Lyon est remply de delices.

LISIMENE.

La Cour n'a rien de plus, que des soins & des vices,
Celle de Gondebaud où bruslent tant d'Amans
Ne sçauroit égaler nos diuertissèmens.

BELISE.

tout la discorde a suscité la guerre.

LISIMENE.

Le ciel va redonner la Paix à cette Terre ;
Mais quand on en viendroit à cette extremité,
Dans les palais d'Isoure on est en seureté,
Nous en sommes voisins, & pouuons dans vne heure
Choisir vne retraite en leur belle demeure ;
Veuillez donc demeurer en ce lieu desormais,
Contemplez tous nos biens, & les goustez en paix ;
Mille jeunes beautez parent cette contrée.
On n'y voit rien d'égal, Philis, Diane, Astrée,
Amarillis sa sœur, & mille autres encor
Font dans ce doux climat reuoir le siecle d'or.
On y voit des Bergers, on y void des Bergeres,
De qui les qualitez ne sont pas ordinaires.
Entr'eux vn ieune Amant ne vous déplaira pas,
Il a beaucoup d'esprit, de graces & d'apas :
Et si vous n'enuiez l'honneur de sa maistresse,
Il est bien mal aisé qu'vn autre objet vous blesse,
Pourquoy rougissez-vous ?

BELISE.

               Ce defaut indecent
Paroist sans mon aveu sur ce front innocent;
Ie rougis, quoy qu'on die, & quoy qu'on me propose,
Sans en pouuoir moy mesme imaginer la cause.

LISIMENE.

Vous la sçauez pourtant; c'est que iusqu'à ce iour,
On ne vous a parlé ny d'Amant, ny d'Amour;
Vous ignorez ces noms, & dans cette innocence,
Le discours que i'en fais vous trouble, & vous offence.

BELISE bas.

Que n'est-il vray Tyrene?

LISIMENE.

               Haussez vn peu la voix.

BELISE.

Ie dis qu'il fait beau voir l'épaisseur de ce bois,
Et ces oiseaux diuers dont la douce musique,
Réjoüyroit l'esprit le plus melancolique.

LISIMENE.

O Dieux qu'elle est adroite! il est vray que leurs chants
Rendent Lion jaloux de la beauté des champs.
Aussi mille Amoureux, en cette solitude
Viennent perdre leurs soins, & leur inquietude:
Ces lieux ont chaque iour de nouueaux habitans,
Ils y viennent fâchez, & s'y treuuent contens.
Les cœurs sont enchantez de l'air qu'on y respire,
Chacun y fait l'Amour, peu de monde y soupire.

Ce Dieu de tous ses traits y choisit les meil'eurs,
Il est Roy parmy nous, il est Tyran ailleurs.
Mais entre les Amans, qui viennent sur ces riues,
Au doux chants des oiseaux, ioindre leurs voix plain-
    tiues,
Tyrene, vn Caualier de qui les qualitez
Ont du Ciel & du sort les efforts limitez,

BELISE.

Comment le nommez vous?

LISIMENE.

        Tyrene.

BELISE.

           Ah le perfide

LISIMENE.

Toujours triste & pensif, & toujours l'œil humide,
Rend tous les cœurs atteints d'amour, & de pitié,
Si le Ciel les a faits capables d'amitié.
La plus grande froideur, cede à son eloquence,
Et contre ses escrits vne ame est sans defence:
J'en liray quelques-vns, escoutez;

BELISE.

           O mal-heur,

LISIMENE.

Son visage à ces mots a changé de couleur.

BELISE.

On m'a pris mes papiers.

LISIMENE lit.

Ie suis comme à la gehenne.

BELISE.

O Dieux!

LISIMENE.

Escoutez donc comme il conte sa peine.

LETTRE.

Ie suis comme à la gesne
Absent de vos beaux yeux qui m'ébrasent si fort;
Et iusques à la mort,
Ie dois porter ma chesne :
C'est vn Arrest de l'Amour & du sort.

TYRENE.

A-t'il bien exprimé la douleur qui le presse ?
Et sçait-il bien toucher le cœur d'vne Maitresse ?

BELISE.

Si ..., que ce perfide est le seul qui luy plaist,
Et qu'elle l'aime encore, tout volage qu'il est,
Tous les iours ses escrits luy font verser des larmes;
Et l'ingrat porte ailleurs son amour, & ses charmes.

LISIMENE.

Vous sçauez donc son nom ?

BELISE.

Vous le sçauez ainsi
A iij

Ie n'ay pas le deſſein de cacher mon ſoucy.
Ie vous dois confeſſer le mal qui me poſſede ;
Ie ſçay qu'il faut parler pour trouuer du remede.
Et c'eſt l'intention de mon cœur deſolé ;
Ie ne me taiſois pas, mes yeux vous ont parlé.
Mon mal a ſur mon front eſcrit ſa violence.
Et l'on ne peut qu'à tort condamner mon ſilence.
Il eſt vray que Tyrene a mon cœur enflammé ;
I'aime, ie le confeſſe, hé qui n'a pas aimé !
Alors que ie voyois mes compagnes atteintes,
Ie blaſmois leurs ſoupirs, & i'accuſois leurs plaintes,
Mais i'ignorois le mal qui m'eſtoit deſtiné,
I'authoriſe à preſent ce que i'ay condamné.
Ie croy qu'on me doit plaindre, & que ſans iniuſtice,
La plus froide ne peut accuſer mon caprice.
Dieux ! comb·en ie perdrois en perdant ces eſcrits,
Qui vous les a donnez ? & qui me les a pris ?

LISIMENE.

Moy-meſme vos habits, quand vous fuſtes couchée,
Et c'eſt où i'ay conneu, qu'Amour vous a touchée.
Certes ie fais eſtat de voſtre ellection,
On ne peut condamner voſtre inclination.
Tyrene eſt d'vn eſprit & d'vn humeur aimable,
Et ſa condition à la voſtre eſt ſortable,
Il merite beaucoup : mais en peu de diſcours.
Contez-moy de vos feux l'origine, & le cours.

BELISE.

Durant mes plus beaux iours en ſortant de l'enfance,
Dans l'âge de la ioye & de l'indifference,
Le ſage Armagedon qui me donna le iour,
Sous le ſainct nom d'hymen, fit naiſtre mon amour ;
Et iuſques à ce temps i'auois toujours blâmée
La violente ardeur dont ie ſuis enflammée ;
Alors que dans vn iour à mon repos fatal,

Chez mon Oncle à Lion ie vids Tyrene au bal.
I'eftois fi ieune encor qu'on ne me parloit guere:
Ie luy pleus toutefois, fans penfer à luy plaire.
Quelques traits de mes yeux lancez innocemment,
A la premiere veuë en firent mon Amant,
Il me iura d'abord vne immortelle flame
Et me voulut donner l'empire de fon ame,
I'eftois tout fon efpoit & fon plus cher foucy.
Mais fi ie le vainquis, il voulut vaincre auffi,
Et donnant de fes ieux vne preuue bien claire,
Il fit de noftre hymen entretenir mon Pere,
Pour gaigner ce vieillard il ne luy manquoit rien,
Il auoit le merite, & l'efprit & le bien;
Ce dernier fuffifoit pour le pouuoir furprendre,
Quiconque eft riche, enfin par tout peut eftre gendre,
De ce Siecle peruers, c'eft le plus riche don,
Par là Tyrene fceut gaigner Armagedon.
Mon Pere m'ordonna de fouffrir fa vifite,
Il l'aimoit pour fon bien, & moy pour fon merite,
Et fon profond refpect fceut fi bien m'émouuoir,
Que ie prenois plaifir à fuiure mon deuoir.
En fuite vne querelle à mes vœux importune,
Vint trauerfer le cours de ma bonne fortune.
Tyrene en vn combat fit perir Dorilas.

LISIMENE.

Qui brûloit comme luy de vos ieunes apas?

BELISE.

C'eft ainfi qu'on le dit.

LISIMENE.

Apres cette querelle

Il falut s'abfenter.

A iiij

BELISE.

Depuis cet infidele
Ne se souuenant plus de ses feux ny de moy,
Apres vn peu d'absence a violé sa foy,
Ie voudrois imiter ce volage Tyrene.
Mais comme nostre sexe aime auec plus de peine,
Il se dégage aussi plus difficilement,
Et ne peut sans rougir courir au changement.

LISIMENE.

Ie voicy.

BELISE.

Cachons-nous de peur qu'il ne nous voye.

LISIMENE.

Ie sonderay tandis sa tristesse ou sa ioye.

SCENE II.

TYRENE, LISIMENE, BELISE.

TYRENE.

STANCES,

FVt-il iamais vn mal-heureux
Sous l'empire amoureux
Dont l'ennuy fut égal à ma douleur extréme?
Ie charmois autre-part, icy ie suis charmé,

I'aime, & ie ſuis aimé,
Mais ce n'eſt pas de ce que i'aime.

De mes maux Beliſe a pitié,
Elle en ſent la moitié,
Malgré cette rigueur, & malgré noſtre abſence,
Et lâche que ie ſuis, i'aime de tout mon cœur
Celle dont la rigueur
Semble punir mon inconſtance.

Eſt-il poſſible, ô Dieux !

LISIMENE.

Oyez comme il ſe plaint,
On connoiſt à ſa voix que ſon cœur eſt atteint.

TYRENE.

Doux ennuy toutefois, & bien-heureuſe haine,
Si ie touche à la fin le cœur de l'inhumaine.
La peine & les efforts de l'acquiſition,
Sont vn doux ſouuenir en la poſſeſſion.
Mais qui me vient parler ?

LISIMENE.

Bannis cette triſteſſe ;
Et donne vn peu de treve au tourment qui te preſſe.
Tout ſuccede à tes vœux.

TYRENE.

O Dieux ! qu'ay je entendu ?

LISIMENE.

Et l'on veut t'accorder le bon-heur qui t'eſt deu,

TYRENE.

Espargnez mes ennuis, aimable Lisimene,
Auez-vous veu l'objet qui fait naistre ma peine?

LISIMENE.

Oüy, i'ay veu plus encor.

TYRENE.

Et quoy?

LISIMENE.

Certains escrits
Qu'elle tenoit bien chers, & qui m'ont tout appris.
O le charmant esprit que celuy de Tyrene!
Il pourroit triompher de l'ame la plus veine,
Et que cette beauté montre de iugement
Dans le choix qu'elle a fait d'vn si parfait Amant.

TYRENE.

Voulez-vous que l'espere, & cette ame inhumaine
Me defend seulement de parler de ma peine?
L'insensible causant ce qui me fait mourir,
A peur de le sçauoir, de peur de le guerir.

LISIMENE.

Tyrene, vne Maitresse est d'humeur plus discrete,
Que de pouuoir si tost aduoüer sa defaite;
La tienne se declare, & ne me croy iamais,
Si ton cœur n'est l'objet de ses plus doux souhaits;
Me remerciras-tu, si de ma propre bouche
Tu sçay dans vn moment que ton amour la touche?

TYRENE.

Ie vous adorerois,

LISIMENE luy monſtrant Beliſe.

Adore ſes apas,
La voicy, que fais-tu ? tu ne l'aborde pas ?
Quelle humeur a ſi toſt ton ame refroidie ?

SCENE III.

BELISE, TYRENE, LISIMENE.

BELISE.

TRaiſtre, que tu ſçais mal cacher ta perfidie !
Es-tu ſans artifice ? & puis-je auoir ſurpris
L'excellence & l'honneur des plus rares eſprits,
Au moins qu'vn ris forcé te change le viſage,
Témoigne du plaiſir, & benis mon voyage.
Dis que tu ſouhaitois ce bon-heur ſans pareil,
Approche appelle moy ta Reine & ton Soleil,
Quoy, tu ne peux forcer cette inutile honte ?
Et ta voix quelquefois ſe donne à ſi bon compte,
Tu treuuois à Lyon des trais ſi delicats
Et tu m'as ſi bien ſceu prouuer ce qui n'eſt pas.

TYRENE.

O Dieux ! Ie voy Beliſe.

BELISE.

Il va conter merueille,

Et sa fidelité n'aura point de pareille.

TYRENE.

Quoy Belise, est-ce vous que ie treuue en ces lieux ?
Et dois-je croire icy mon oreille & mes yeux.

BELISE.

Ie suis toujours lamesme, & ne suis point changeante,
Il n'en est point ainsi de ton ame inconstante ;
Tu n'es plus ce Tyrene autrefois si charmant,
En toy tout est changé iusqu'à l'habillement.
Tu n'as rien conserué de ce qui me sceut plaire,
Tu n'es plus qu'vn Berger digne d'vne Bergere.

TYRENE.

Les Bergers de ces lieux sont d'illustres Heros,
Qui dans vn sain azile ont cherché du repos,
Mais ne m'accuse point d'estre à tort infidelle,
Puisque tu la causas, tu sçay bien ma querelle,
Doñlas estant mort, sans long-temps consulter
Pour venir en ces lieux il fallut s'absenter,
Tandis que mes parens s'employent pour ma grace,
Par ie ne sçay quel sort, m'en allant à la chasse,
Ie vis Amarillis, dont l'éclat me rauit,
Elle me fit changer de Maitresse & d'habit.
I'accorde, que ie quitte vn bien incomparable,
Pour semer sur du vent, & bastir sur du sable,
Ie receuois chez vous des traitemens meilleurs ;
Mais vn secret destin porte mes vœux ailleurs.

BELISE.

Dis qu'vn secret destin porte ailleurs ta folie,

TYRENE.

Belise est toujours gaye, & sans melancolie.

BELISE.

BELISE.

Non, non, croy qu'en riant ie dis la verité,
Hé qui ne riroit pas de ta legereté ?
Quelle plaisante humeur agite icy ton ame ?
On pourroit l'excuser dans l'esprit d'vne femme,
Puisque selon l'erreur de vostre iugement,
Elle est de son instinct suiecte au changement.
Mais que ces esprits forts, ces miroirs de constance,
Fassent au moindre vent si peu de resistance,
Que leur sidelité manquent aux premiers effets,
C'est vn sujet de rire où l'on n'en eut iamais.

TYRENE.

Si tu confiderois combien l'absence est forte,
On ne te verroit pas discourir de la sorte.
Ta presence auroit pû diuertir ce mal-heur :
Car qui void le Soleil, sent toujours la chaleur.

BELISE.

Il est vray ta constance est digne qu'on t'adore :
Traistre, i'estois absente, & ie t'aimois encore,
I'auois les mesmes feux, & le mesme soucy :
I'ay vescu sans te voir, & sans changer aussi.
Sans te voir ! ie m'abuse, & ma triste pensée
M'a toujours de Tyrene vne image tracée :
Ie t'ay veu tous les iours, ie t'ay parlé cent fois.

TYRENE.

Il ne m'en souuient point.

BELISE.

Mais sans yeux & sans voix,

B

Ie n'eſtois pour mon mal que trop ingenieuſe,
Ma memoire eſt trop bonne, & trop officieuſe.

TYRENE.

Et moy ie ne ſçaurois me vanter de ce poiat,
I'ay bien-toſt oublié ce que ie ne voy point.
Excuſe en ce mal-heur ma memoire infeconde,
Ou que de ce defaut la Nature réponde,
Mais voicy ma Bergere, admire ſa beauté,
Et ne condamne plus mon infidelité.

BELISE.

Va, barbare à mes yeux, luy conter ton martyre,
Obtiens de cet objet ce que ton cœur deſire;
I'y conſens infidelle ; adore ſes apas.

TYRENE.

Tu profiterois peu de ny conſentir pas.

BELISE.

Cachons-nous pour l'oüir.

SCENE IV.

TYRENE, AMARILLES.

TYRENE.

Adorable merueille,
En beauté ſans ſeconde, en rigueur ſans pareille,

Quand voulez-vous tarir la source de mes pleurs ?
Quand sera vostre esprit sensible à mes douleurs ?
Ces rochers orgueilleux en des ruisseaux se fondent,
Ils entendent mes cris, leurs echos me répondent,
Et quand i'ay demandé si mon mal inoüy
Finiroit quelque iour, elles m'ont dit oüy.
Vous conseruez pourtant vostre rigueur extréme,
Et ie n'ose esperer que vous parliez de mesme.

AMARILLIS.

Où peut estre ma sœur ?

TYRENE.

                          l'implore du secours,
Aimable Amarillis entendez mes discours.

AMARILLIS.

L'auez-vous veu icy ?

TYRENE.

                      Vous me fermez l'oreille,
Pour ne pas aduoüer mon ardeur sans pareille.

AMARILLIS.

Où la puis-je trouuer ?

TYRENE.

                        Dieux que de cruauté!
Ie parle de mon mal, inhumaine beauté.

AMARILLIS.

Ie la cherche par tout.

TYRENE.

Cruelle, oyez ma plainte,
Donnez vn mot au mal, dont mon ame est atteinte.

AMARILLIS.

Dieux que ces importuns me dérobent de temps,
Ie les fais tous souffrir, ils font tous mécontens.
Ce n'est que de mon cœur que leurs plaisirs dépendent,
Ie n'en possede qu'vn, & tous me le demandent.
Qui le doit obtenir ? qui feront les ialoux ?
Nul de vous ne l'aura, pour vous accorder tous.

TYRENE.

Comparez nos tourmens, considerez nos peines,
S'ils ont versé des pleurs, i'en verse des fontaines.
S'ils sentent quelque ardeur, ie me sens consumer,
Ils aiment froidement, & ie sçay seul aimer.

AMARILLIS.

Tous en disent de mesme.

TYRENE.

Et seul ie le doy dire,
Si la plainte est plus iuste, où la fortune est pire.
Tyrene sçait mourir, s'ils sçauent endurer,
Son inclination ne se peut comparer.
Pour vous i'ay violé l'amitié la plus sainte
Dont iamais icy bas vne ame fut atteinte,
Il n'estoit rien d'égal à mes contentemens,
Ie causois de l'enuie aux plus heureux Amans.
Ie pouuois loin de vous deffier la fortune,
I'obligeois trop Belise, & ie vous importune,

Tous mes vœux l'honoroient, & vous les refusez,
Ie les voyois cheris, ie les vois méprisez.

AMARILLIS.

Adieu, ie hay l'amour d'vn esprit infidelle,
Et ie ne pretens rien au bien de cette Belle.
Reportez-luy ce cœur que vous me presentez;
Vous me pourriez quitter comme vous la quittez.

SCENE V.

BELISE, TYRENE.

BELISE.

O Qu'il est satisfait & qu'il profite au change;
Soy-mesme il se punit, & m'offençant me vange.
Tyrene, qui mesprise est enfin mesprisé.

TYRENE.

Ie n'attendois pas mieux que d'estre refusé.
Ah ! ie iure le Ciel, que s'il m'estoit possible,
Ie me dégagérois de cette ame insensible.
Que ce cœur brûleroit de ses feux anciens,
Que ie m'enchainerois de mes premiers liens.

BELISE.

Oüy, si la chaine aussi t'estoit encor offerte;
Et si ie desirois de recouurer ma perte.

Mais ce foin me trauaille affez legerement,
Vn bien que chacun fuit fe conferue aifément;
I'ay veu le peu d'eftat qu'on fait de ton feruice,
Et ie ne crains pas fort qu'aucune te rauiffe.
I'efpreuue qu'il eft vray que s'Amour n'a point d'yeux,
Ie reputois iadis mon deftin glorieux,
Quand ton affiaction s'offroit à ma memoire,
Ie croyois tout Lyon enuieux de ma gloire.
Que Tyrene efcriuift, que Tyrene parlaft,
Ie ne croyois iamais qu'vn autre l'efgalaft.
Opinion bien fauffe, & que ie n'ay plus euë,
Depuis que la raifon m'a defillé la veuë
Ie n'eftime plus tant les charmes de ta voix,
Ie m'eftonne bien plus de l'erreur où i'eftois.
Mon ame s'eft renduë à de foibles atteintes,
Tu galantifes mal, & tu fais mal des plaintes.
Ne figurant pas mieux ta peine & ton fouci,
Amarillis fait bien de te traitter ainfi.
Tu luy parlois de pleurs pour exprimer ta peine,
Mais cet abaiffement eft honteux à Tyrene.

TYRENE.

Efpargne vn mal-heureux, & quelque qualité
Dont iadis ton efprit ait le mien enchanté.
Croy que tu pourrois peu fur cette ame inhumaine,
Qu'en mon lieu tu ferois en vne mefme peine.
Elle n'eftime rien que fes propres apas,
Venus fous mes habits ne la toucheroit pas.
On ne peut rien gagner fur cette ame infenfible,

BELISE.

Et fi ie luy plaifois?

TYRENE.

Tu ferois l'impoffible,

BELISE.

Si tu veux en auoir les diuertiſſemens,
Tu n'as qu'à m'enuoyer vn de tes veſtemens,

TYRENE.

Ie t'en fais preſent d'vn dont l'eſtoffe eſclatante
Doit eſtre auantageux à ta beauté charmante ;
Sa broderie eſt riche, & iette des eſclats,
Qui pourront rehauſſer celuy de tes apas,

BELISE.

Tu riras de la feinte, & ie ſuis aſſez vaine
Pour eſperer l'honneur de flechir l'inhumaine
Sous le nom de ton frere, & ſous celuy d'amant
Ie perceray ſon cœur plus dur qu'vn diamant.
Ie n'arriuay qu'hier, & n'eſtant pas connuë,
Il m'eſt aiſé de feindre, & de tromper ſa veuë.

TYRENE.

Ce diuertiſſement ne peut eſtre que doux,
De voir Cleonte Amant, & Tyrene ialoux.
Mais apres cet effet que ie treuue admirable,
Tu ne me ſeras plus qu'vn objet adorable,
De tes veux dépendra tout mon contentement ;
Et ie mépriseray l'Amante pour l'Amant.

BELISE.

Ie ne t'oblige à rien, & fais cette entrepriſe,
Sans deſſein que ton cœur me rende ſa franchiſe,
Ne dis point que ie ſuis aux beautez de ce lieu,
Et m'enuoye vn habit.

TYRENE.

Dans vn moment.

BELISE.

Adieu.

Fin du premier Acte.

ACTE II.
SCENE PREMIERE.

TROIS SATYRES.

Le 1. Satyre.

A S-T V veu dans ce fond ces deux belles
Bergeres?

2. Satyre.

Trop pour leur interest, fussent-elles legeres,
Plus que les ieunes Dains qu'en courant i'atterray,
Auant qu'il soit long-temps ie les attraperay.

3. Satyre.

Pour se mieux delasser, au bord d'vne fontaine,
De se lauer les pieds elles prenoient la peine;
Et lors que librement & sans penser à nous,
Elles se retroussoient iusques sur les genoux,
Ie voyois vne cuisse aussi blanche, aussi ronde
Que iamais la Nature en forma dans le monde.
O quels friands morceaux pour les Princes des bois!
O qu'ils sont delicats! i'en lesche encore mes dois.

2. Satyre.

De l'endroit où i'eſtois, i'ay veu d'autres merueilles.
Ah ! ah ! pour m'écouter vous dreſſez les oreilles ;
I'ay veu, i'ay veu, i'ay veu par le reſlais de l'eau,
Si ie ne ſuis trompé, quelque choſe de beau.

3. Satyre.

A t'entendre parler tu n'en as veu que l'ombre ;
Moy i'ay veu tout à nud des beautez en grand nombre.
Qu'elles auoient d'appas ! mais c'eſtoit de la chair,
A qui pas vn de nous n'auroit oſé toucher.

1. Satyre.

Ie me doute de qui.

3. Satyre.

Des Nimphes de Diane
Que ie voyois baigner, monté ſur vn platane.
Ah ! depuis Acteon le prophane mortel,
I'oſerois bien iurer qu'on n'a rien veu de tel.
C'eſtoit dans vn ruiſſeau, dont l'eau tranquille & claire,
A ces ieunes beautez ſert d'hoſteſſe ordinaire.
Là ie voyois à nud monſtrer de ſi beaux corps,
Que me deuſt-on changer en vn Cerf de dix cors ;
Et les chiens, de ma peau ſe deuſſent-ils repaiſtre,
I'irois les voir encor, s'ils y deuoient paroiſtre.

1. Satyre.

Compagnon ſi la troupe alors t'euſt apperceu,
De noūueaux cornichons ton front ſeroit boſſu.
Ah que de coups de poing ! ah ! que de coups de gaules
Auroient bien applany le poil de tes eſpaules.

3. Satyre.

L'vne qui sur le bord marchoit comme à tastons,
Laissant ses vestemens, monstroit ses beaux tetons,
Et touchant de son pied cette onde cristaline,
Faisoit voir au grand iour vne iambe poupine,
Vne cuisse bien faite, vn ventre potelé,
Pour qui nostre Dieu Pan luy-mesme auroit brûlé,
Ie dis comme vn tison fait d'vne vieille souche.

2. Satyre.

Tu me fais enrager, l'eau m'en vient à la bouche.

3. Satyre.

L'autre qui sur le ventre en grenoüille n'ageoit,
Retiroit ses deux bras, & puis les allongeoit,
Et par fois soufflant l'eau d'vne bouche vermeille,
Folastroit d'vne grace à nulle autre pareille,
Et dans ces beaux cheueux attiroit les zephirs,
Et faisoit souleuer mille amoureux soupirs.

1. Satyre.

Cette peinture est belle, & ie te prie acheue.

3. Satyre.

Vne autre toute nuë estoit dessus la greue,
Mais assise en posture à te faire pitié,
Car elle se tiroit vne espine du pied,
Vne iambe assez haut sur sa cuisse croisée,
Et qui.

1. Satyre.

Ah ! ie t'entens, estoit bien disposée.

3. Satyre.

Vne autre s'allant seoit sur vn prochain gazon
S'essuyoit en tous lieux, comme c'est la raison.
Ah! qu'elle auoit d'apas, ah! que de belles choses,
Tout son corps n'estoit fait que de lys & de roses.
Vn certain vermillon, dont l'éclat estoit doux,
Coloroit tendrement sa fesse & ses genoux.

2. Satyre.

Vf, arreste-toy là, n'en dis pas dauantage,
Tu me ferois creuer d'vne amoureuse rage.
Ah! que n'estois-je là, ie l'eusse prise au corps,
Eussay-je deu souffrir vn million de morts.
Dans le plus fort du bois ie vous l'aurois fourée,
Comme vn Renard qui prend vne poule égarée,
I'aurois eu le plaisir de contenter mon feu.

3. Satyre.

C'est le fils de Luxure, ou du moins son Neueu.

1. Satyre.

Pour les plaisirs d'amour, il est insatiable.

3. Satyre.

Pour estre si petit, il est ribaut en Diable.

2. Satyre.

Pour vous, honnestes gens, à vous bien regarder,
Quelqu'vn nous donneroit vne fille à garder;
On a qu'à remarquer vos mines & vos gestes,
On vous prendra tous deux pour bouquins fort mo-
  destes.

3. Satyre.

3. Satyre.

Mais il faut reuenir enfin à nos moutons,
Ces filles vont partir, marchons & nous hastons.

1. Satyre.

Si nous les attrapons, pour contenter nos flames,
Comment en ferons-nous , nous n'auons que deux
    femmes
Pour trois.

3. Satyre.

                Dessus ce poinct il sera debatu;
Nous pourrons, les ayant, tirer au court festu;
La plus petite paille ira chercher fortune;
Et les deux plus heureux en prendront chacun vne.

2. Satyre.

Il n'est point de festu, de paille, ou de hazart,
Nous nous gourmerons bien , où i'en auray ma part.

3. Satyre.

Il faut prendre deuant ces Animaux sauuages,
Puis apres de leurs peaux nous ferons les partages,
Allons de ce costé.

1. Satyre.

                Courons, quelqu'vn nous suit,
Quelque facheux Berger , prés de nous fait ce bruit.

C

SCENE II.

AMARILLIS, DAHPNE.

AMARILLIS.

Pourquoy m'accusez-vous de trop de retenuë?
Ie ne déguise rien, i'ay l'humeur ingenuë.
Qui peut, si ce n'est vous, cherir mes interests?
Et qui doit que ma sœur partager mes secrets?

DAPHNE.

Quelque si libre humeur dont vn esprit puisse estre,
Il est bien mal-aisé qu'il fasse tout paroistre;
Toujours quelque secret se reserue au dedans,
Qui mesme n'est pas sceu des plus chers confidens.
Mais sur tout en amour la plus libre est secrette,
Et comme elle est aueugle, elle est aussi muette,
On ne s'ose fier à son meilleur amy,
Et le cœur le plus franc ne s'ouure qu'à demy.
Posseder tant d'attraits, estre si recherchée,
Captiuer mille esprits, & n'estre point touchée,
Ha ma sœur! pensez vous qu'on le puisse estimer?
Le Ciel vous a-t'il faite incapable d'aimer?
Euitez-vous les coups dont toutes sont blessées?
Et n'eustes-vous iamais de pareilles pensées?
L'Amour est vn Archer qui n'a iamais failly,
Si le cœur ne se rend quand il est assailly,
Il prend vne autre voye, il le force, il le blesse,
Et l'orgueilleuse enfin reconnoist sa foiblesse.

AMARILLIS.

Il est maistre des cœurs qui se laissent dompter,
Mais quand on le veut fuir, on le peut éuiter.

DAPHNE'.

Ce Dieu, comme il luy plaist, atteint les plus cruelles;
On prend la fuite en vain ; ma sœur, il a des ailes.

AMARILLIS.

Mais les ailes qu'il a sont courtes quand il naist,
Cet enfant vole-t'il, foible encore comme il est ?

DAPHNE'.

On ne sent pas l'Amour au poinct de sa naissance,
Et qui ne le sent pas, ne craint point sa puissance.

AMARILLIS.

Mais alors qu'en le sent, on l'éuite aisément,

DAPHNE'.

Alors il sçait voler, on s'en fuit vainement;

AMARILLIS.

Aussi n'ay-je iamais sa force mesprisée,
Et mon ame à ses traits est toute disposée.
Mais de les preuenir, les prendre en son carquois,
Et de ma propre main, me ranger sous ses loix,
Qui me voudroit, ma sœur, conseiller de le faire,
Ne me donneroit pas vn aduis salutaire.
I'appreuue qu'vn esprit mette les armes bas;
I'appreuue mesme aussi qu'il ne se rende pas.

C ij

Ie n'aimeray iamais, qu'Amour ne m'ait blessée,
Si ie luy dois ceder, i'y veux estre forcée.

DAPHNE'.

Aduoüez toutefois que parmy tant d'Amans,
qui reuerent en vous des attraits si charmans,
Il s'en treuue quelqu'vn qui vous plaist dauantage,
Et dont plus volontiers vous agreriez l'hommage.

AMARILLIS,

Philidas vaut beaucoup.

DAPHNE'.

Que ces attraits font doux.

AMARILLIS.

Mais ie le voy qui vient, ma sœur, retirons-nous.

DAPHNE'.

Craignez-vous son abord?

PHILIDAS.

Ie la voy, l'inhumaine.

DAPHNE' à Philidas.

Ie trauaillois pour vous, mais i'ay perdu ma peine.

SCENE III.

PHILIDAS, CELIDAN.

PHILIDAS.

HElas, cruel amy, que ma douleur te plaift !
Void comme elle me fuit, l'infenfible qu'elle eft !
Et tu dis que le temps la rendra plus traitable.
Tu differes l'arreft de mon fort lamentable,
Tu me retiens le bras, tu differes ma mort,
Tu connois, Celidan, fi ie me plains à tort.

CELIDAN.

Philidas elle eft fille, & la fille eft changeante,
Nous la verrons vn iour d'eftre plus indulgente,
Le temps amollira ce courage inhumain,
Elle fuit auiourd'huy, tu l'atteindras demain.
Ne l'auoir pas fuiuie, eft vn pas pour l'atteindre,
Si tu la veux fléchir, il faut mieux te contraindre,
Tu ne fçay pas bien l'art qui la peut engager.

PHILIDAS.

Enfeigne-le moy donc, fi tu veux m'obliger.

CELIDAN.

Il faut paroiftre froid pour toucher les Bergeres,
Et monftrer à leurs yeux des bleffeures legeres.

Ce sexe que toujours nous auons respecté,
A tiré son orgueil de nostre humilité ;
Et si nous paroissions plus hommes & plus graues,
Ces superbes vainqueurs deuiendroient nos esclaues ;
Et si nous les traitions d'vn air indifferend,
Nous rendroient tous les soins qu'en nos iours on leur
    rend.

PHILIDAS.

Mais comment estouffer la plainte quand on brûle?
 Quiconque n'aime pas, aisément dissimule.
Toy-mesme auec ton art n'és-tu pas enchainé ?
Te peux-tu garentir des beaux yeux de Daphné?

CELIDAN.

Ie me peux excuser sur son merite extréme.

PHILIDAS.

L'Amant de son Amante en dit toujours de mesme.
Croy-moy. cher Celidan, alors qu'on aime bien,
La feinte est mal-aisée, & ne nous sert de rien.
Pour moy ie souffre trop, ie ne m'en sçaurois taire.

CELIDAN.

Flatte donc cette ingratte, & tasche de luy plaire ;
Fais des vers sur son teint, son esprit & sa voix,
Puisque c'est le dessein qui t'ameine en ces bois,
Ne crains point de faillir, ny de perdre ta peine,
On n'estime auiourd'huy que les fruits de ta veine.

PHILIDAS.

Il est vray que i'ay l'art de flatter qui me plaist,
Ie peints, quand bon me semble, vn œil plus beau qu'il
    n'est.

Ie dore des cheueux, & ma plume se ioüe
A noircir vn sourcil, ou farder vne ioüe.
I'ay toujours de la neige, & quelquefois i'en mets
Sur vn sein qui n'en eut, & n'en aura iamais.
Ie preste à qui ie veux des œillets & des roses,
Ie donne de l'éclat aux plus communes choses,
Et i'ay fait estimer cent visages diuers,
Qui n'auoient toutefois rien de beau qu'en mes vers.
Mais tout est au dessous de sa beauté parfaite :
Ma Muse en ce trauail est timide & muette,
I'admire les effets de cet œil mon vainqueur
Qui me glace la veine, & méchauffe le cœur.
Toujours le premier mot a ma plume arrestée,
Ie l'ay mille fois prise, & mille fois quittée,
Mon iugement s'égare en ses moindres appas,
I'écriray toutefois, mais ne t'éloigne pas.

CELIDAN.

I'attendray cependant en ce lieu frais & proche,
Mais voy si tu n'as point quelques vers en ta poche,
Ie me diuertiray par ce doux entretien,
Ie ne puis estimer de stile que le tien.

Celidan lit.

Rochers effroyables desers,
Où de la beauté que ie sers
Ie fais des plaintes inutiles,
Mon mal prés d'elle a toujours empiré,
Et vos sablons ne font pas si steriles
Que mon mal est desesperé.

Mes esprits font tous languissans,
Mes foibles & timides sens

C iiij

N'ont plus de clarté ny de force,
Et mon mal-heur eſt ſans comparaiſon,
Depuis qu'Amour a ſemé le diuorce
Entre mon Ame & ma Raiſon.

Tous remedes ſont ſuperflus,
Et rien ne me conſole plus
Au fort d'vne douleur ſi grande,
Si dans mon mal i'ay quelque reconfort,
Abſolument il faut que ie l'attende
D'Amarillis, ou de la mort.

Mais ie crains qu'apres mon trépas,
Au milieu des Ombres là bas
Son Amour encor me pourſuiue,
Objet Celeſte au iugement de tous,
Soit que ie meure, ou bien ſoit que ie viue,
Ie veux toûjours brûler pour vous.

Que ces vers ſont coulants, ô l'admirable veine,
Il en a déja fait plus de vingt d'vne haleine,
As-tu bien reüſſi?

PHILIDAS.

Iamais pauure rhimeur
N'eut tant d'ambition, & moins de bon humeur.
I'ay fait ce peu de vers depuis que ie trauaille,
Eſcoute ſi i'ay rien imaginé qu'il vaille.

STANCES.

Diuine Amarillis, honneur de nos Bergeres,

Moderez tant soit peu la rigueur de vos loix,
Si dans ma passion l'excez de mes miseres
Ne m'interdisoit point l'vsage de la voix ;
J'éleuerois si haut vos beautez sans exemple,
    Que vous auriez vn Temple.

Vostre nom qui tousiours occupe ma memoire,
Pourroit pompeusement éclater dans mes vers,
Et rien n'empescheroit le bruit de vostre gloire
D'estonner nostre siecle & remplir l'Vniuers,
Aimez-vous mieux ma mort, ô beauté trop
    aimée!
    Que vostre Renommée ?

S'il faut que mon trépas contente vostre enuie,
Auant qu'il soit long-temps ie feray voir à tous
Que i'ay pris iusqu'icy quelque soin de ma vie,
A dessein seulement de l'employer pour vous.
Mais s'il faut qu'vn beau coup finisse ma misere,

Mon amour me fournit mille pensers diuers,
Et ie n'en puis treuuer pour acheuer ce vers.

CELIDAN.

Ce stile est au dessus de ton stile ordinaire,
Ie me vais retirer de peur de te distraire ;
Acheue, cher amy, c'est trop bien commencé,
Ce feu grand & subtil est aussi-tost passé.

PHILIDAS seul.

Quitte, triste Berger, ce penible exercice,
De tes pleurs seulement escris son iniustice,

Seuls ils peuuent preuuer tes transports innocens,
Seuls ils peuuent parler des ennuis que tu sens.
Et c'est bien vainement qu'vn mal-heureux presume
De fendre vn cœur si dur auec des traits de plume.
Arbres soyez atteints au recit de mes maux,
Est-il quelque martyre esgal à mes trauaux ?
Mais que mon œil est las de souffrir la lumiere,
Quel assoupissement me ferme la paupiere ?
Dieux ! appellans mon ame en cet heureux sommeil,
Accordez à mes yeux vn dormir sans réueil.

                                    Il s'endort.

SCENE IV.

AMARILLIS, DAPHNE, PHILIDAS.

AMARILLIS.

Dieux que ces importuns ont peu de complaisance,
Et qu'il est mal-aisé d'éuiter leur presence.
Ma sœur, n'y sont-ils plus ?

DAPHNE.

                        Ouy, ie les voy là bas.

AMARILLIS.

Adieu.

DAPHNE.

Reulens, ie ris, & ie ne les voy pas.

AMARILLIS.

Ie m'aime auiourd'huy seule, & si pas vn se monstre,

DAPHNE'.

Dieux! quelle peur as-tu?

AMARILLIS.

Celle de leur rencont

DAPHNE'.

Philidas te deplaist, cruelle tu le fuis.

AMARILLIS.

Par fois selon l'humeur & le temps où ie suis,
En de certains momens i'aime d'oüir sa plainte,
Ie luy répons des yeux, & ie flatte sa crainte;
Ie vante son esprit, i'estime ses discours;
Mais cette belle humeur ne dure pas toujours.
I'abhorre bien souuent vn si triste langage,
Et quelque Amant plus gay me plairois dauantage.

DAPHNE'.

Tu le peux rendre tel.

AMARILLIS.

Comment.

DAPHNE'.

Par ta pitié,
Paye ce que tu dois à sa chaste amitié;
Ie le paye à l'amour que son amy me porte;
Imite mon humeur, traite-le de la sorte.

Celidan autrefois n'estoit pas si ioyeux,
Alors que ie treuuois son abord ennuyeux.
Mais ie voy Phillidas sous cet espais feüillage ;
Voy comme les ennuis ont changé son visage :
Le Ciel ferme ses yeux pour arrester ses pleurs,
Et tu ne seras pas sensible à ses douleurs ?
Lis ces vers qu'il t'adresse.

AMARILLIS.

O Dieux ! cette importune
M'imputera toujours ma mauuaise fortune.

DAPHNÉ.

Et bien ie les vais lire, au moins en ma faueur
Escoute seulement.

AMARILLIS.

Dépesche donc ma sœur.

Daphné lit.

Diuine Amarillis, honneur de nos Berge-
res,
Moderez tant soit peu la rigueur de vos loix,
Si dans ma passion l'excez de mes miseres
Ne m'interdisoit point l'vsage de la voix,
I'éleuerois si haut vos beautez sans exemple,
Que vous auriez vn Temple.

DAPHNE.

Il faut ouyr le reste.

AMARILLIS.

I'ay viste, où ie te laisse.

DAPHNÉ.

DAPHNE'.

Qu'elle sçait bien cacher le tourment qui la presse.

Vostre nom qui sans cesse occupe ma memoire,
Pourroit pompeusement éclater dans mes vers,
Et rien n'empescheroit le bruit de vostre gloire
D'estonner nostre siecle, & remplir l'Vniuers,
Aimez-vous mieux ma mort, ô beauté trop
aimée !
Que vostre Renommée ?

S'il faut que mon trépas contente vostre enuie,
Auant qu'il soit long-temps ie feray voir à tous,
Que i'ay pris iusqu'icy quelque soin de ma vie,
A dessein seulement de l'employer pour vous.
Mais s'il faut qu'vn beau coup finisse ma misere,

Voy-tu comme ta grace a touché ses esprits,
En composant ces vers, le sommeil l'a surpris.
Par deux mots adioustez, tu peux finir sa peine,
Et perdre en le sauuant le tiltre d'inhumaine.

AMARILLIS.

Escris-les de ta main.

DAPHNE'.

La tienne l'a blessé.

AMARILLIS.

Donne donc, i'écriray.

D

DAPHNE'.

Quoy?

AMARILLIS.

Qu'il est insensé,
Qu'il a peu de raison d'aimer ce qui le blesse,
Que mon peu de dessein témoigne sa foiblesse.
Enfin.

DAPHNE'.

N'acheue pas, donne-moy cet escrit,
Bons Dieux on ne peut rien sur ce farouche esprit.

AMARILLIS.

Qu'y mets-tu?

DAPHNE'.

Qu'il espere.

AMARLILIS.

Esperances friuoles,

DAPHNE'.

Et si ie te veux faire aduoüer ces paroles,
Ie veux à cet amant procurer ta pitié.
Ie gagneray ta haine, ou luy ton amitié.
Ie iure à ton humeur vne eternelle guerre;
Cruelle, as tu dessein de dépeupler la terre?
Et seras-tu constante en ce rigoureux poinct
De blesser tous les cœurs, & den'en guerir point?
Espere-tu du prix à ta froideur extréme?
Et vaux-je moins que toy pour aduoüer que i'aime?

AMARILLIS.

L'Amour te paye-t'il du foucy que tu prends
De le rendre adorable aux cœurs indifferents ?
Te charge-tu du foin d'eftablir fon empire ?
Ta voix peut-elle plus que les traits qu'il nous tire ?
Si i'aimois Alcidor, il deuroit fon fecours
A fes propos appas, & non à tes difcours,
Son pouuoir t'eft fufpect, prenant pour luy les armes,
Et penfant l'obliger tu fais tort à ces charmes,
Son humeur feulement a de puiffans appas,
Et peut plus que ta voix.

DAPHNE'.

Et tu ne t'y rends pas ?

AMARILLIS.

En voudrois-tu iurer?

DAPHNE'.

Oüy, fi ie te dois croire.

AMARILLIS.

Il peut beaucoup fans toy, n'ofte rien à fa gloire.

DAPHNE!

Qu'elle eft diffimulée.

PHILIDAS reuant.

Ha! tu fais mon tourment;
Vn mot, belle inhumaine, vn regard feulement.

DAPHNE'.

Il rêue, efcoutons-le.

D ij

PHILIDAS.

Ie pourrois toute chofe,
Tu ne peux m'échapper, mais quoy que ie propofe.

AMARILLIS.

Ie crains peu ce danger.

PHILIDAS.

Ie tremble à ton afpec,
Quoy? rien à mon amour? quoy? rien à mon refpec?
Cruelle! ofte-moy donc ta prefence fatale,
Et ne m'oblige plus au tourment de Tantale,
Adieu, laiffe-moy feul.

AMARILLIS.

Voy combien il me plaift,
Ie luy veux obeyr, tout endormy qu'il eft.

DAPHNE'.

Attendons fon réueil.

AMARILLIS.

Pour moy ie me retire,
Et tu m'as obligée à beaucoup de martyre.
Mais i'apperçois Tyrene, & quelqu'vn qui le fuit.

SCENE V.

TYRENE, BELISE, sous le nom de CLEONTE.

AMARILLIS, DAPHNE'.

TYRENE.

IE l'auise à propos, & le Ciel nous conduit,
Nous allions vous treuuer, agreez la visite
Que ce ieune estranger doit à vostre merite ;
C'est mon frere en ces lieux arriué fraichement.

AMARILLIS.

Il m'oblige beaucoup.

DAPHNE'.

O Dieux qu'il est charmant !

CLEONTE.

Surpris, saisi, confus auprés tant d'excellence,
Mon meilleur compliment dépend de mon silence ;
Ie voy d'vn œil charmé vos diuines beautez,
Et ie croy me treuuer en des lieux enchantez ;
Dés que i'ay commencé de marcher sur vos traces,
Mon esprit enchanté vous a pris pour les Graces ;
Vous auez leur mesme air, leur éclat, leur douceur,
Il ne s'y manque rien, que la troisiéme sœur.

D iij

Ce discours est fondé sur beaucoup d'apparence,
Puisque le nombre seul en fait la difference.

AMARILLIS.

Vous nous voulez railler par ce discours flatteur,

DAPHNE'.

On le pourroit nommer l'agreable menteur.

CLEONTE.

Vous voir sans souspirer, cela n'est pas possible,
Ie ne suis pas de roche, & mon cœur est sensible.
Dieux! que mon frere a tort de m'amener icy
Pour perdre ma franchise, & gagner du soucy.

TYRENE.

Ie vous l'auois bien dit.

CLEONTE.

Il est trop vray, mon frere,
Mais quoy, ie me tairay, de peur de vous déplaise.

AMARILLIS.

L'on treuue en vos discours de si charmans appas,
Que vous des-obligez quand vous ne parlez pas.

CLEONTE.

Le silence sied bien aux bouches peu disertes;
Aux soûpirs; malgré moy, mes lévres sont offertes,

DAPHNE'.

L'on ne peut dire mieux,

I

CLEONTE.

Mais ma timide voix
De vos commandemens prendra toujours des loix.

AMARILLIS.

Nous vferons toujours enuers vous des prieres.

DAPHNE' bas.

Voicy pour mes ennuis de nouuelles matieres.
Que fes yeux font charmans, que fa voix a d'attraits !

AMARILLIS.

Nous fouffrons le Soleil, & le logis eft prés,
Vous plaift-il de le voir ?

CLEONTE.

Acceptez ma conduite.
L'heureux effet ! Amour fauorife la fuitte.

SCENE VI.

PHILIDAS éueillé.

Ommeil, heureux charmeur des ennuis que ie fens,
Pourquoy m'as-tu rendu la liberté des fens ?
Helas par ta faueur ie voyois ma Bergere,
t tâchois d'adoucir fon humeur trop feuere.
t quoy que fa rigueur eftouffaft mon efpoir,
ioüyffois pourtant du bon-heur de la voir.

D iiij

I'ay malgré ses efforts sa belle main presée;
Cet agreable sonye a flatté ma penée;
De ce bien maintenant mes desirs sont priuez.
Mais, ô Dieux! quelle main a mes vers acheuez?
Mais s'il faut qu'vn beau coup finisse ma misere,
Et l'on a mis icy; Non, Phildas, espere.
Pourrois-je desormais voir le Ciel sans mépris,
Si la main de ma belle auoit ces mots escrits?
Non, Philidas espere, ô Dieux le puis-je croire?
Puis-je sans vanité me donner cette gloire?
Non, quelqu'vn qui passoit touché de mon tourment
A ces vers acheuez par diuertissement.
Ie ne me flatte point de ce bon-heur insigne,
L'ozer imaginer, c'est en paroistre indigne,
I'espereray pourtant, & croiray que le sort
Se sert de ce moyen pour diuertir ma mort.

Fin du second Acte.

ACTE III.
SCENE PREMIERE.

PHILIDAS, AMARILLIS chante.

CHANSON.

EPRIS, orgueilleuſe fierté,
Nous auons aſſez diſputé
Côtre l'effort de tant de charmes,

Apres vn combat glorieux
Amour, ſi ie quitte les armes,
Ie les rends au plus grand des Dieux.

PHILIDAS.

O diuine Chanſon! mes vœux ſont appreuuez,
Et ſa diuine main a mes vers acheuez.

AMARILLIS continuë à chanter.

Ie ſçay quel empire tu prens
Deſſus les cœurs indifferens
Auec des ſoûpirs & des larmes.

Apres tant d'efforts glorieux,
Amour, ie dois quitter les armes,
Et les rendre au plus grand des Dieux.

PHILIDAS.

Abordons-là sans crainte; Obligé deformais
A vous offrir des vœux, si ie le fis iamais.
Que ie baise à genoux cette main fauorable,
Qui vient de releuer l'espoir d'vn miserable:
Donc ces beaux yeux sont las de me voir soûpirer?
Donc il m'est ordonné de viure & d'esperer?
Et comme vn doux vainqueur respecte sa conqueste,
Vous auez diuerty la mort qui m'estoit preste;
Oüy, ie vis; & i'espere vn destin plus humain,
Puis qu'il faut obeyr à cette belle main.

AMARILLIS.

Quoy? i'ay tracé ces mots? la croyance indiscrete!
Voyez comme aisément on croit ce qu'on souhaite,
Perdez vn peu, Berger, de cette vanité,
Et ne me loüez point de tant de charité.

PHILIDAS.

Voulez-vous plus long-temps prolonger mon supplice?
Et vous repentez-vous d'vn acte de Iustice?
Suis-je trop peu discret pour cacher vos bien-faits?
Quand mesme vous rendriez mes desirs satisfaits?
Dieux! qu'à se declarer vne fille a de peine,
Vous ne defendez pas qu'on vous nomme inhumaine,
Quand ie vous appellois sourde, ingrate & sans yeux,
C'estoit-là vous donner des tiltres glorieux,
Vous trouuiez des appas en mon sort lamentable,
Et vous vous offencez du tiltre d'equitable,
Vous n'osez auoüer vne bonne action,
Que vous auez renduë à mon affection.

AMARILLIS.

Ie n'en puis auoüer, ny mauuaise ny bonne,
Ie n'ordonne la vie, & ne l'oste à personne.
C'est assez, Philidas, que chacun songe à soy,
Ie ne conserue point ce qui n'est point à moy.

PHILIDAS.

Amarillis pourtant a mon cœur en hostage.

AMARILLIS.

Elle vous rend à vous auecque vostre gage.
Vous sçauez mon humeur, ie fuis ces passions,
Et ié suy seulement mes inclinations.

PHILIDAS.

Quoy ? toûjours insensible & sourde à mes prieres ?

AMARILLIS.

Toujours ferme & constâte en mes humeurs premieres

PHILIDAS.

Va peu moins qu'autrefois.

AMARILLIS.

Toujours également.

PHILIDAS.

Philidas n'est pas sourd.

AMARILLIS.

Ny moy pareillement.

PHILIDAS.

Non, car vous m'entendez, Adieu, viuez heureuſe,
Soyez impitoyable à ma peine amoureuſe;
Eſtouffez tout l'eſpoir qui me peut ſecourir,
Ie porte dans ma main le moyen de guerir.

Il s'en va.

AMARILLIS ſeule.

O Dieux ! cet importun a ma voix entenduë
Alors que i'auoüois que ie me ſuis renduë.
Il a receu pour luy cette confeſſion,
Et croit eſtre l'objet de mon affection.
Mais las ! quoy que ie doiue à ſon amour extréme,
Il eſt bien abuſé quand il croit que ie l'ayme.
Vn Amant bien plus rare occupe mes eſprits,
Il me demande vn cœur qu'vn autre a déja pris.
Cleonte la forcé, mais auec tant de gloire,
Qu'il n'a que d'vn moment achepté ſa victoire,
Et qu'ayant iuſqu'icy mépriſé tant d'Amours,
Ie me rends à l'appas de ſes premiers diſcours.
Mais quelqu'vn vient Icy. Mes plus cheres penſées
Par cet autre importun ſont toûjours trauerſées.

SCENE II.

TYRENE, AMARILLIS,

TYRENE.

Qvi vous rend ſi penſiue?

AMA-

AMARILLIS.

Vn autre objet que vous.

TYRENE.

Alcidor, ou Titſis.

AMARILLIS.

Non, vn objet plus doux.

TYRENE.

Pâris, où Philidor?

AMARILLIS.

Non.

TYRENE.

Timandre, ou Geronde?

AMARILLIS.

Vous le pourriez trouuer, en nommant tout le monde.

TYRENE.

Que i'apprenne ſon nom, & mes vœux ſont contens.

AMARILLIS.

Adieu, deuinez-le, ie vous donne du temps,
Vous pouuez y penſer.

TYRENE l'arreſtant.

Vn mot belle Bergere,

E

Ie ſçay que vous auez des bontez pour mon frere,
Et prens part à l'honneur qu'il a receu de vous.

AMARILLIS.

Ie l'eſtime beaucoup, en eſtes-vous ialous ?

TYRENE.

Vous deuez auoüer qu'il eſt fort agreable.

AMARILLIS.

Il a l'eſprit diuin, charmant, incomparable,

TYRENE.

C'eſt en dire beaucoup.

AMARILLIS.

Vous parlez froidement,
Il eſt la vertu meſme.

TYRENE.

En vn mot voſtre Amant.

AMARILLIS.

Tyrene, parlez mieux. Vous rire, & me déplaire,
Ne ſont pas les moyens d'auancer voſtre affaire.
On arriue autrement à noſtre affection
Que par la raillerie, & l'indiſcretion.
Il eſt vray que la mienne eſt vn but, où Tyrene
Auec tous ſes efforts perdra toûjours ſa peine.

TYRENE.

Ie l'apperçois qui vient; ô Dieu ! qu'il eſt charmant,

AMARILLIS.

Plus que vous.

TYRENE.

Ie le croy.

AMARILLIS.

Mais plus infiniment,

TYRENE s'en allant, dit à Cleonte.

On atteud voſtre veuë auec impatience.

CLEONTE.

Toy, tu fais l'orgueilleux, & tu fuis ma preſence.

Tyrene ſe cache & les entend.

SCENE III.

AMARILLIS, CLEONTE.

AMARILLIS.

Que Cleonte eſt chagrin!

CLEONTE.

Et qu'il l'eſt iuſtement,

Ha! ſeiour mal-heureux.

AMARILLIS.

Ha Dieu quel changement!
Ces plaines que tantoſt vous auez tant priſées,
Et que vous preferiez aux plaines Eliſées,
N'ont-elles pas encore leur premiere beauté?
D'où vient à voſtre humeur cette inegalité?

CLEONTE.

Que ce lieu ſoit charmant, qu'il ſoit incomparable,
Bergere, ſa beauté m'eſt peu conſiderable;
Ce ſont des appas morts, ſuiets au moindre vent,
Et qui touchent les yeux, ſans paſſer plus auant;
Mais j'en treuue.

AMARILLIS.

Acheuez;

CLEONTE.

Helas que puis-je dire?
Lors que ie veux parler, il faut que ie ſoûpire.

AMARILLIS.

Que Cleonte ſçait bien feindre des paſſions,
O Dieux! comme il contraint toutes ſes actions;
Que la franchiſe eſt rare en ce ſiecle où nous ſommes!
La feinte ſeulement eſt la vertu des hommes,
Sur tout l'art de tromper eſt frequent à la Cour;
Qui dit vn Courtiſan, dit vn fourbe en amour.
L'vn pour ſe diuertir ſe fait vne Maiſtreſſe,
L'autre fait le galant pour monſtrer ſon adreſſe;
L'vn par couſtume agit, l'autre par intereſt;
Enfin tous ſont Amans, & ſi pas vn ne l'eſt.

CLEONTE.

Ne vous offensez point diuin charme des Ames,
Ie ne vous diray rien de mes nouuelles flames.
Dans mes plus vifs accez, ie ne me plaindray pas,
Et pour voftre repos i'éuiteray vos pas
Ie n'augmenteray point cette troupe importune
Dont vous tenez en main l'espoir & la fortune.
Ie ne reclameray ny vos vœux, ny vos foins,
Ie fçauray mieux aimer, & le témoigner moins.
C'eft defia trop parler, Dieux quelle ardeur me preffe !
Que mefme en promettant i'enfraino ma promeffe.

AMARILLIS.

Las d'exercer ailleurs cette eloquente voix,
Là venez-vous, Cleonte, exercer dans ces bois?
Efpargnez nos efprits, dont les mœurs inciuiles
Ont bien peu de rapport auec celles des Villes.
Et ne m'obligez point aux mefmes complimens,
Que celles de Lyon rendent à leurs Amans,
Ils feroient mal fondez, & ie reçois les voftres
Comme vn propos commun que vous tenez à d'autres.

CLEONTE feignant de s'en aller.

I'ay promis de me taire, adieu. Mais quelque iour
On ne vous verra plus douter de mon amour.

AMARILLIS.

Non, non, encor vn mot ; ô Dienx ! qu'il fçait bien
feindre,
On diroit qu'en effet fon cœur fe laiffe atteindre.

CLEONTE.

Il eft atteint déja, cruelle, & permettez,
Puis que ma voix vous plaift, & que vous l'écoutez,

AMARILLIS;

Que i'attefte le Ciel , & toute la Nature,
Que vous eftes l'objet du tourmeut que i'endure;
Si vous n'auez caufé la mifere où ie fuis,
Si voftre occafion ne fait tous mes ennuis,
Si ie connois que vous pour objet de ma peine,
Puiflay je eftre des Dieux , & l'horreut & la haine?
Et qu'apres mille maux vne eternelle mort
Fafle endurer mon ame , & déplorer mon fort?
Mais que ie pouffe en vain d'inutiles paroles;
Vous tiendrez mes fermens pour des fermens friuoles;
Car on dit que les Dieux impofant des tourmens ,
N'en ordonnerent point aux parjures Amans.

AMARILLIS.

C'eft qu'ils n'en treuuent pas d'égaux à leur offence,
Et ce poinct feulement a borné leur puiffance.
Auffi quelque honnefte-homme a ces crimes conceus?
Mais allons au logis difcourir là deffus ;
Le Soleil en ces lieux ne laiffe plus d'ombrage.

CLEONTE.

Que ie reçois d'honneur !

AMARILLIS.

I'en reçois dauantage.

SCENE IV.

TYRENE feul les ayant écoutez.

Dleux auec quelle grace elle fait le tranfi.
La Bergere eft touchée, & ie le fuis auffi.

Il n'eſt rien do pareil à ſon rare merite,
Contre moy-meſme enfin, moy-meſme ie m'irrite,
Peſant ces qualitez d'vn eſprit plus raſſis,
I'aurois bien-toſt changé mes roſes en ſoucis,
Elle preſideroit à ma flame amoureuſe,
Et ma condition ſeroit beaucoup heureuſe.
Mais que voudroit Daphné?

SCENE V.

DAPHNE', TYRENE.

DAPHNE'.

Elle n'eſt pas icy.

TYRENE.

Que cherchez-vous?

DAPHNE'.

Ma ſœur.

TYRENE.

Elle a bien du ſoucy,

DAPHNE'.

Et d'où luy prouient-il?

TYRENE.

D'Amour.

E iiij

AMARILLIS,

DAPHNE'.

> Qu'elle vous porte.

TYRENE.

Non, ie serois bien vain de parler de la sorte,
Car iamais vn regard, ny la moindre action,
Ne m'a fait esperer son inclination.

DAPHNE'.

A qui donc ?

TYRENE.

> A l'objet le plus parfait du monde,

Dont l'esprit est charmant la beauté sans seconde,
C'est à Cleonte, enfin.

DAPHNE'.

> Qui vous la dit ?

TYRENE.

> Leur voix,

Et tous deux fraichement ils sortent de ce bois.
Ces feüillages espais me cachoient à leur veuë,
Et i'ay fort clairement vostre sœur entenduë.

DAPHNE'.

Qu'vn ialoux a de peine, il croit tout ce qu'il craint,

TYRENE.

Vos yeux vous diront mieux si son cœur est atteint,
Adieu, craignez vous-mesme vne pareille peine,
Puis qu'il a bien touché cette belle inhumaine,

DAPHNE' seule.

O conseil inutile à mon cœur languissant !
On ne craint plus vn mal alors qu'on le ressent.
Cet aimable vainqueur a mon ame charmée ;
O rigoureux mal-heur ! ma sœur en est aimée,
Et sa rare beauté me defend d'esperer
Le fruict de le cherir, & de le reuerer.

SCENE VI.

CELIDAN, DAPHNE'.

CELIDAN la surprenant.

Quoy pense Daphné ?

DAPHNE'.

Ie pensois à vous-mesme.

CELIDAN.

e ie suis redeuable à ton amour extréme,
ombien tu fais d'efforts pour vn indigne Amant ?
t que peu de ton sexe aiment si constamment.
ille font vanité du tiltre de pariure,
e nom est maintenant vne honorable iniure.
outes changent sans honte, & ta seule beauté
de l'auersion pour l'infidelité.

Mais ie ne te vois point en l'humeur ordinaire,
Et mesme dés l'abord i'ay semblé te déplaire.
T'importunay-je Icy?

DAPHNE.

Ie ne m'y tiendrois pas.

CELIDAN.

Quelque soucy pourtant change ces doux appas,
Tu me vois à regret, veux-tu que ie le die?
Ie croy que ton Amour est vn peu refroidie.

DAPHNE.

Ie rirois comme toy, mais vn mal de costé.

CELIDAN.

Dy que ton humeur souffre, & non pas ta santé.
On laisse rarement promener les malades;
Leurs chambres & leurs lits bornét leurs promenades,
Tu tiens les yeux baissez, tu parles froidement,

DAPHNE.

O le ialoux esprit!

CELIDAN.

Peut-estre iustement,

DAPHNE.

Adieu, mon mal s'accroist.

CELIDAN.

Ie te suy.

DAPHNE'.

Non , demeure;
Permets-moy seulement de reposer vne heure ,
Peut estre en ce sommeil, mon mal s'appaisera.

CELIDAN.

Ie ne te quitte point.

DAPHNE'.

Fay ce qu'il te plaira.

CELIDAN.

Ie ne te suiuray point pour conter mon martyre,
Mais pour te garantir des aguets du Satyre ,
Qui rôde effrontément tout à l'entour d'icy,
I'en ay tantost veu trois.

DAPHNE'.

Ie les ay veus auſſi.

CELIBIAN bas.

O Dieux! diuertiſſez les ſujets de ma crainte,
Et ne trahiſſez pas vne amitié ſi ſainte.

Fin du troisiéme Acte.

ACTE IV.
SCENE PREMIERE.

DAPHNE', CLEONTE.

DAPHNE'.

Leonte a beau se plaindré, il a beau
soûpirer.
De son amour pourtant ie ne puis m'as,
seurer.

CLEONTE.

Ie vous atteste, ô Dieux! Mais qu'est il necessaire
De prouuer par sermens vne flame si claire?

DAPHNE'.

Non, non, ne iurez point, & redoutez les Dieux,

CLEONTE.

La foudre que ie crains est celle de vos yeux.

DAPHNE'.

Ie sçay que sur ce front des passions sont peintes,
Et ie connois par fois que vous poussez des pleintes.

Si ie croy vos discours, vous estes tout de feu,
Enfin, vous feignez bien, ou vous aimez vn peu,
Mais vous me repaissez d'vn espoir inutile,
Vous n'en aimez pas vne, ou vous en aimez mille.
Vous tenez à ma sœur de semblables discours,
Ie vous ay veu moy-mesme implorer son secours.

CLEONTE.

Si ma voix parle bien, mes regards parlent mieux,
Ou vous entendez mal le langage des yeux.
Luy iurant que ie sens des ardeurs si parfaites,
Mon œil vous dit-il pas que c'est vous qui les faites?
Alors qu'on aime bien, souffre-t'on des témoins?
Craindrois-ie qu'on nous vist, si ie vous aimois moins?
Non, ie ne tiendrois pas mon amour si secrette,
Et ie vous traitterois ainsi que ie la traite.

CELIDAN caché auec Philidas.

Dieux! qu'est-ce que i'entends!

PHILIDAS.

Vos affaires vont mal.

CELIDAN.

Prepare-toy mon bras, à punir ce riual.

DAPHNE'.

Cleonte, les effets prouueront vos promesses,
Faites luy cependant vn peu moins dé caresses;
Si vous l'aimez si peu, ne luy parlez point tant,
Elle a des qualitez à faire vn inconstant.
Toute froide qu'elle est, ie sçay qu'elle vous prise,
Et ne craindroit pas fort de me rauir ma prise.
Adieu.

P.

CLEONTE.

Ie vous conduits.

DAPHNE'.

Non, retournez chez vous,
Ne faisons point d'ombrage à cet esprit ialoux.

CLEONTE.

Ie vous obey donc.

CELIDAN.

Dieux qui l'euſt iugé d'elle.

DAPHNE' s'en allant.

C'eſt me bien obeyr, que de m'eſtre fidele.

CLEONTE.

Ah Daphné! ie renonce au bien de la clarté,
Si rien eſt comparable à ma fidélité.

SCENE. II.

CELIDAN, CLEONTE, PHILIDAS.

CELIDAN.

FAis-en voir vne preuue en monſtrant ton courage,
Mets l'épée à la main.

CLEONTE.

Quoy deux ? pas dauantage ?
Contre Cleonte seul, vous n'estes pas assez.

PHILIDAS.

Arreste, Celidan, nous sommes offensez,
Et prendre vn Caualier auec cet auantage ;
Ce seroit laschement repousser vn outrage.
Il nous en faut vser auec moins de rigueur :
Son frere a témoigné qu'il est homme de cœur,
Il s'en pourra seruir, & le moindre interuale
Fera voir entre nous vne partie égale.

CELIDAN.

Il faut, ô Philidas, qu'il meure de ma main,

PHILIDAS.

Cela peut arriuer, mais ce sera demain,
Car vn tiers tel que moy ne nous peut laisser batre.

CLEONTE.

I'ay par fois déguaigné contre deux, contre quatre ;
I'ay donné, i'ay paré d'assez dangereux coups,
Non pas auec des gens si genereux que vous.

CELIDAN.

Que dis-tu, Philidas, de cette humeur altiere ?

PHILIDAS.

Il paroist assez fier, & ne s'ébranle guere.

CELIDAN.

Il se mocque, il se ïoue, il se rit, Philidas.

CLEONTE.

Ie me ris, ie me loüe, en faifant des combas.

CELIDAN.

O le vaillant guerrier!

CLEONTE.

Oüy vaillant, mais modefte.

CELIDAN.

Cherche vn de tes Amis, nous ferons ce qui refte.

CLEONTE.

Voftre temerité s'apprefte vn chaftiment;
Ie ne tire iamais ce fer impunément.

CELIDAN.

Ne te vante pas tant, fi tu veux qu'on te croye;

CLEONTE.

Lors que i'entre en couroux, ie deftruis, ie foudroy
Tu deurois à genoux me demander pardon.

CELIDAN.

Eft-il donc infenfé? parle-t'il tout de bon?

PHILIDAS.

Ce font traits d'vne humeur audacieufe & vaine.

CLEONTE.

Enfin c'est trop railler, & vous laisser en peine;
Ie sçay quelle raison excite ce courroux;
C'est l'effet, Celidan, de vos soupçons ialoux,
Daphné charme vostre ame, & sçachant qu'elle m'aime,
Croyez que ie responds à son amour extréme,
Mais qu'on me traite ainsi qu'vn lasche suborneur,
Comme vn hôme sans foy, sans cœur, & sans honneur,
Si deuant que la nuict demain vienne à parestre.

PHILIDAS.

Le terme n'est pas long.

CLEONTE.

Ie ne vous fais connoistre
Que pour vostre interest nous auons gouuerné
L'esprit d'Amarillis, & celuy de Daphné.

PHILIDAS.

Comment à toutes deux vous contez des fleurettes ?

CLEONTE.

Oüy à toutes les deux, pour des raisons secrettes.

PHILIDAS.

Comment à toutes deux ?

CLEONTE.

Vous vous troublez de rien,
Il est vray, Philidas, mais c'est pour vostre bien.

PHILIDAS.

Ah ! Celidan, i'ay peine à souffrir cet outrage.

F iij

CELIDAN.

Lors que ie m'emportois tu t'es monftré fi fage.

CLEONTE.

Mais qu'apprehendez-vous, mettez les armes bas,
Vous deuffiez fouhaiter de la voir dans mes bras,
Vous benirez bien-toft mes foins & mon adreffe,
Lors que vous receurez l'effet de mes promeffes,
De ce mal apparent le bien vous fera doux,
En trauaillant pour moy, ie trauaille pour vous,

PHILIDAS.

Ie ne puis rien comprendre en cet obfcur langage.

CLEONTE.

Vous me difpenferez d'en dire dauantage,
Si vous les poffedez, ferez-vous fatisfaits,
Rien ne peut diuertir le deffein que i'en faits,
Vous ferez obligez à ees heureufes feintes.
Et les remercimens fuccederont aux pleintes.
l'auray mis du remede à nos communs ennuis ;
Vous loüerez mon efprit, & fçaurez qui ie fuis,
Voftre mal & le mien également me touche,
La peur ne me met point ee difcours en la bouche,
Si dans peu les effets ne furpaffent vos vœux,
Vniffez vos eftorts, & m'attaquez tous deux.

PHILIDAS.

Qu'en dis-tu Celidan, le pouuons-nous bien croire?

CELIDAN.

A garder fa parole, il aura de la gloire ;
Et s'il auient auffi qu'il ne la garde pas,
Il pourra rencontrer fa honte & fon trépas.

CLEONTE.

J'accepte l'vn & l'autre en cas de perfidie.
Mais ne doutez tous deux de rien que ie vous die.

SCENE III.

CLEONTE, TYRENE.

CLEONTE.

AH! comme tout succede à mon ardent desir,
Peut-on faire vne intrigue auec plus de plaisir?
Ah! Tyrene, tu vois vn homme de courage,
Qui pour tes interests dans les duels s'engage,
Et peu s'en est fallu que deux Amans ialoux
Ne soient venus sur moy des iniures aux coups,
Tu deuois te haster, tu m'aurois secondée.

TYRENE.

Et la querelle enfin?

CLEONTE.

Nous l'auons accordée.
Admire mon esprit, recconnois mon pouuoir,
Ce n'est qu'vn en ces lieux que m'aimer & me voir,
Ie fay mille ialoux, & toutes vos Maistresses
Sont prodigues pour moy, de vœux & de caresses,
Les esprits les plus froids se sont laissez dompter.
Tyrene est bien heureux, s'il s'en peut exempter.

F iiij

TYRENE.

Ie le cede, Belife, à ton merite extréme,
Et crois que tu fçay mieux mon meftier que moy-
mefme.
Tu traites mieux l'Amour auec moins de fouci;
Mais Amarillis vient, fa fœur la fuit auffi.

CLEONTE.

Adieu.

TYRENE.

Quoy? tu les crains, Dieux que de retenuë!

CLEONTE.

Cette regle d'amour t'eft encore inconnuë,
Ie trompe l'vne & l'autre, & toutes deux m'aimant,
Ie dois à toutes deux parler feparément.

SCENE IV.

DAPHNE', AMARILLIS.

DAPHNE'.

VOus ne méprifez plus l'amour ny fon enfance,
Ie ne vous entens plus deffier fa puiffance.
Vous aimez à réuer, ce vifage eft changé,
ı em'abufe, ma fœur, ou l'Amour s'eft vangé;

Et ne se fiant pas au pouuoir de ses charmes,
Cleonte son second a pris pour luy les armes.

AMARLILIS.

Ie ne vous entens plus estimer vos liens,
Celidan n'a plus part en tous vos entretiens,
Vostre humeur chaque iour deuient plus solitaire,
Ie m'abuse, ma sœur, où cette amour s'altere,
Et l'humeur de Cleonte a de certains appas,
Qui, si vous l'auoüez, ne vous déplaisent pas.

DAPHNE.

Il plaist à tout le monde.

AMARILLIS.

Il faut donc qu'il me plaise.

DAPHNE.

Mais ne craignez vous plus ce tyran de nostre aise,
Cet aueugle Demon, ce poison des esprits,
Dont les fausses douceurs vous estoient à mépris?

AMARILLIS.

Le craiguez vous, ma sœur?

DAPHNE.

I'ay franchy cet ôsage.

AMARILLIS.

Pour le franchir de mesme ay-je moins de courage?
Dois-je auoir en horreur ce que vous approuuez?
Et ne pourray-ie pas tout ce que vous pouuez?

DAPHNE'.

Pourquoy donc mille Amans, qui vous ont tant aimée
N'ont-ils rien profité?

AMARILLIS.

Vous m'en auez blâmée,
Vous me peigniez l'Amour plein d'appas & d'attraits,
Ie vous croy maintenant, & ie cede à ses trais.

DAPHNE'.

Ainsi Cleonte enfin à vostre ame touchée,
Son merite vous plaist?

AMARILLIS.

En estes-vous fâchée?
Au moins ce choix est iuste, & mon cœur enflamé
N'en quitte point vn autre, apres l'auoir aimé.
Ie n'ay point d'autre Amant dont la flame fidelle
De ma premiere amour doiue estre le modelle,
Ie n'ay point engagé mes inclinations,
Le choix est libre encor à mes affections.

DAPHNE'.

I'approuue ce dessein, & pense que vostre ame
Ne se peut ennuyer d'vne si belle flame,
I'estime comme vous ses rares qualitez.

AMARILLIS.

Vous les estimez tant, que vous les ressentez,

DAPHNE'.

Non pas fort.

AMARILLIS.

Plus que moy.

DAPHNE'.

J'aurois beaucoup d'affaires.

AMARILLIS.

Vous en auez aussi plus que les ordinaires,
Vous considerez trop toutes mes actions,
Et vous m'importunez de trop de questions,
Pourquoy m'espiez-vous ?

DAPHNE'.

O la folle creance !
Voyez combien l'Amour cause de deffiance,
Mais ne vous plaignez point, ie vous laisse en ce lieu,
Et ne vous suiuray plus.

AMARILLIS.

Vous m'obligez. Adieu.
Estant seule.
Elle a beau se contraindre, on void en son visage
De sa nouuelle flame vn trop clair tesmoignage.
Depuis que cet Amant s'est fait voir en ces lieux,
Celidan l'importune, & desplaist à ses yeux,
Elle ne peut cacher le soucy qui la touche,
Son cœur à tous momens est trahy par sa bouche,
Et tant de questions font assez presumer
Le déplaisir qu'elle a de me le voir aimer.

SCENE V.

CLEONTE, AMARILLIS.

Qve ce teint est changé! quelle douleur vous
presse?
Dieux! qu'est-ce que ie voy?

AMARILLIS.

Vous causez ma tristesse,

CLEONTE.

Quoy? vous suis-je importun?

AMARILLIS.

Vostre ciuilité
Ne peut iamais passer pour importunité,
Et l'on souhaite plus, qu'on ne hait vos visites,
Depuis qu'on a conneu de vos rares merites,

CLEONTE.

Bergere, épargnez-moy, puisque les complimens
Doiuent estre bannis d'entre les vrais Amans.
Ma seule affection vous est considerable,
Et le moindre merite est au mien preferable;
Ie connois mes defauts; pour me bien estimer,
Auoüez seulement que ie sçay bien aimer.

I'ay

J'ay peu de vanité, mais au foin de vous plaire
Il faut que tout me cede, & que tout me defere,

AMARILLIS.

Vous promettez beaucoup.

CLEONTE.

       Ie fais encore plus,
Mais tenez pour fufpects ces propos fuperflus.
Doutez fi ie vous aime ! ordonnez à mon ame
De prouuer à vos yeux cette immortelle flame.
Quel effet de valeur vous en peut affeurer?
Baiferay je vos pas ? vous faut il adorer ?
M'ouuriray-je le fein ? fçauez-vous quelque figne
Qui prouuaft mieux encor ma paffion infigne?
J'attefterois en vain les hommes & les Dieux,
Ie ne defire point de témoins que vos yeux.

AMARILLIS.

J'en veux pourtant auoir vn autre témoignage,
A quelques pas d'icy dans vn facré bocage,
Où luit auec refpect le clair flambeau du iour,
Eft la fontaine enfin des veritez d'amour.
Là de ce puiffant Dieu les decrets equitables
D'vne foudaine mort puniffent les coupables,
Ie croy qu'Amarillis y conduifant vos pas,
Apres tant de fermens, ne vous expofe pas,

CLEONTE.

Si la fidelité fe fait voir dans cette onde,
La mienne y paroiftra la plus belle du monde,
Jufqu'à l'heureux moment de l'affignation ,
Accordez quelque gage à mon affection,
Ce bracelet me charme, oferay je le prendre?
Ce foir au rendez-vous ie promets de le rendre.

          G

AMARILLIS,

Vous me le rendrez donc?

CLEONTE,

Faueur digne d'vn Dieu,

Ie n'y manqueray pas.

AMARILLIS.

Ie vous en prie.

CLEONTE.

Adieu,

La Bergere qui vient est à mon autre Amante.

SCENE VI.

CLIMANTE, CLEONTE.

CLIMANTE,

IE vous cherchois par tout.

CLEONTE.

Que me voudroit Climante?

CLIMANTE.

Vous donner cette Lettre.

Lettre de Daphné à Cleonte.

CLEONTE lit.

Cleonte si tu veux me plaire extrémement,
Accorde moy ce iour le bien de ta presence,
Ma priere t'oblige à cette complaisance,
Ie veux t'entretenir vne heure seulement.

I'iray me rendre seule au bord de la fontaine,
Afin de m'asseurer de ton affection ;
Là, si comme mes feux ton amour est certaine,
Tu me la preuueras par ta discretion.

D A P H N E'.

Il continuë.

Adieu, ie l'iray voir.

CLIMANTE.

Il faudroit que ce fust à sept heures du soir,
Comme entre chien & loup, enuiron sur la brune.
Mais ne negligez pas vostre bonne fortune ;
Bien que vous soyez ieune, auec beaucoup d'appas,
On void de vos pareils qui pourtant n'en ont pas.
Enfin, dans ce bon-heur soyez discret, fidelle,
Et couurez bien sur tout l'honneur de cette belle,
Prenez bien garde à tout.

CLEONTE.

Ie n'y manqueray point.

CLIMANTE.

Soyez, ainsi qu'heureux, discret au dernier poinct.

G ij

CLEONTE.

Qu'vn facile moyen a leur ame abufée !
Que toucher vne fille eft vne chofe aifée !
Et qu'vn Amant bien fait a peu d'inuention,
Quand il n'attire pas fon inclination.
Si iamais i'eus fujet d'accufer la Nature,
Eftant ce que ie fuis, c'eft en cette auenture,
Ie fuis leur feul efpoir, & leur vnique bien,
Ie leur promets beaucoup, & ne puis donner rien.

SCENE VII.

LES TROIS SATYRES.

2. Satyre.

IE penfe qu'vn Demon les cache à noftre veüe,
Et quand nous les voyons les couure d'vne nuë.

3. Satyre.

N'importe, Tyrefie a dit que ie fuis né
Pour prendre Amarillis.

1. Satyre.

Moy pour prendre Daphné.

2. Satyre.

Et moy, quelque Prophete auſſi grand que le voſtre,
Dit que i'auray le bien d'employer l'vne & l'autre,
Seul ie les rangeray ſous l'amoureuſe loy.

1. Satyre.

Tout beau, c'eſt vn peu trop.

2. Satyre.

Ce n'eſt pas trop pour moy.

3. Satyre.

Mais garde Philidas, ce fol melancolique,
Qui frappe comme vn ſourd, & les coups qu'il ap-
plique
Sont de poids d'ordinaire, & fracaſſent les os.

2. Satyre.

Ce peril n'eſt pas grand pour vn homme diſpos.

1. Satyre.

Déja plus d'vn Satyre en eſt ſur la litiere.

2. Satyre.

Ayant trois pas d'auance on ne le craindroit guere,

1. Satyre.

Mais il lance le dard plus de cinquante pas.

2. Satyre.

A luy ſeruir de but ie ne m'expoſe pas.

G iij

1. Satyre,

Tu crains peu Celidan, & les cailloux qu'il iette.

2. Satyre.

J'ayme peu ſes cailloux, i'ayme peu ſa houlette.
Mais s'il dormoit bien fort, apres vn bon repas,
En enleuant Daphné, ie ne le craindrois pas.

1. Satyre.

Ah! qu'il eſt dangereux pour les gens qui ſommeillent?

2. Satyre.

Ah! qu'il eſt redoutable à ceux qui ſe réueillent.

1. Satyre.

L'autre iour vn Berger te fit gagner le haut.

2. Satyre.

L'autre iour vn Bouuier t'époudra comme il faut,

3. Satyre.

Trēue à tous ces diſcours, quittons la raillerie,
Et ſur noſtre deſſein raiſonnons ie vous prie.
Celles que nous ſuiuons iront voir en ce iour
La fontaine qui rend les veritez d'amour.
Coupons adroitement le chemin qu'elles prennent,
Elles s'écarteront des Bergers qui les meinent,
Lors nous prendrons le temps pour les aller ſaiſir,
Et puis apres cela nous aurons du plaiſir.

2. Satyre.

Mais éguisons nos doigts ; mais affilons nos pouces,
Moy sur mon instrument, vous sur vos flustes douces.

Fin du quatriesme Acte.

ACTE V.
SCENE PREMIERE.

CELIDAN seul.

'Est bien manquer, & meriter son mal
Que s'attendre en amour à son propr
riual !
Qu'il me rende les vœux d'vne ingrat
Maistresse.
Me les ayant ostez ? ô la vaine promesse !
Il est adoré d'elle, & son intention
Est d'arriuer par feinte à sa possession.
Et puis apres l'honneur de cette ioüyssance
Abandonner ces lieux, & vanter sa puissance,
Mais qu'il craigne l'effect de mon iuste couroux,
Et qu'il n'irrite pas vn amoureux ialoux.
Le voila qui sous-rit, puis change de visage.
Hé bien, qu'auez-vous fait ? auancez-vous l'ouurag

SCENE II.

CLEONTE, CELIDAN.

CLEONTE.

IE fais tous mes efforts, mais ie trauaille en vain,
Elle demeure ferme en son premier deffein ;
Ie blâme son humeur, l'excite sa colere,
Et par tous ces moyens, ie ne luy puis déplaire,
Ie vous plains de seruir cette ingrate beauté,
Pour moy sont les faueurs, & pour vous la fierté.

CELIDAN.

Ie ne puis plus aussi differer le supplice,
Que mon iuste couroux doit à ton artifice.
Par ton inuention mes vœux sont méprisez,
Traiftre, tu plains mes maux, & tu les as causez?

CLEONTE.

Ne vous haftez pas tant , vous entrez en furie,
Ce que ie vous ay dit, n'est qu'vne raillerie,
Vous estes plus heureux que vous ne pensez pas,
Pour me remercier mettez les armes bas,
C'est tenir trop long-temps vostre esprit en balance,
Ie connois vostre amour, i'en sçay la violence,
Et veux que vous deuiez à ma compassion
Le fruict que vous aurez de vostre affection.

Monftrant la Lettre.

Voyez ce qu'en deux mots m'ordonne cette Belle,
Et receuez de moy ce que i'ay receu d'elle.
Allez la voir ce soir, monstrez-luy cet escrit ,
Dites qu'vn prompt effet a changé mon esprit,
Qu'elle a tort de me croire, & de se rien promettre,
Que moy-mesme en vos mains i'ay remis cette lettre.
Iurez-luy que ie ris de ses vœux superflus,
Ie confesseray tout , quand vous en direz plus.
Iugez apres cela si Cleonte vous aime ,
Et si ie vous sers mieux que ie ne fais moy-mesme.

CELIDAN.

Il lit tout bas, ayant leu, il dit :

Que ie life ces mots.

L'infidelle beauté,
Sans doute ie vous doy le bien de la clarté,
Et ie suis tout confus d'auoir eu la pensée,
Que ma fidelle amour fust par vous trauersée ;
Ie ne sçaurois payer vn si rare plaisir.

CLEONTE.

Allez, il en faudra parler plus à loisir.
Il faut que Philidas apres vn long martyre
Arriue par mes soins à l'hymen qu'il desire;
I'ay fait à cet Amant esperer du repos ,
Il le merite bien, Mais il vient à propos.

SCENE III.

PHILIDAS, CLEONTE.

PHILIDAS.

ENfin sans m'abuser d'inutiles paroles,
Flattez-vous pas mon mal d'esperances friuoles?
Amarillis veut elle appreuuer mes douleurs?
Et prendre enfin pitié de voir couler mes pleurs?

CLEONTE.

Vous pouuez esperer puisque tout vous succede,
Et qu'on a pour vos maux preparé du remede,
I'ay disposé son cœur à n'estimer que vous.
Vous causez maintenant ses pensers les plus doux,
Et vous verrez ce soir l'affect de ma promesse,
Si l'amour vous promet assez de hardiesse.

PHILIDAS.

Pour seruir cette Belle il n'est point de danger
Ou mon affection ne me fist engager ;
Et les chastes ardeurs dont i'ay l'ame enflammée,
Disposeroient ce bras à combattre vn' armée.

CLEONTE.

La voyant au milieu des Lyons & des Ours,
Pourriez-vous l'en tirer, & conseruer ses iours?

PHILIDAS.

I'emploirois mes efforts, & ie vaincrois leur rage,
Si la force & l'adreſſe égaloient mon courage.

CLEONTE.

Et ſi vous la voyez dans vn brazier ardent ?

PHILIDAS.

Ie m'irois expoſer à cet autre accident,

CLEONTE.

Il eſt beſoin de plus.

PHILIDAS.

De rien que ie ne fiſſe,
Pour elle ie voudrois franchir vn precipice :
Mais ne me celez rien, & m'oſtez de ſoucy.

CLEONTE.

Amarillis ce ſoir vous attend ſeule icy,
Cette rare beauté cherit voſtre ſeruage,
Et le ſoin que i'ay pris vous procure ce gage.
luy donnant le bracelet.

Amenez ſeulement à l'aſſignation
L'Amour, la retenuë, & la diſcretion.

PHILIDAS.

O Dieux ! que dites-vous?

CLEONTE.

Que ie tiens ma promeſſe
Seruez

Seruez fidellement cette belle Maiftreffe,
Adieu. viuez content, & gardez ces cheueux.

Il s'en va.

PHILIDAS

Si mon bon-heur n'eft faux, que ie vous doy de vœux!
Auoir tant obtenu de cette ame de roche;
Mais déia la foirée, & mon repos approche.
Attendant le bon heur de receuoit fes loix,
Allons réuer vne heure au profond de ce bois.

SCENE IV.

AMARILLIS feule.

E Ciel laiffe à nos yeux paroiftre fes Eftoiles,
Et la nuit fur la terre a déployé fes voiles;
Il eft déja bien tard, & mon fidel Amant,
our marquer fon amour viendra dans vn moment,
ans ce miroir flottant, dedans cette fontaine,
verray fon image à cofté de la mienne.
à nos yeux, à nos yeux des traits fe lanceront,
os timides regards fans peur s'expliqueront,
pourray fans parler luy dire que ie l'aime;
s eaux m'exempteront de luy dire moy-mefme,
tte onde luy peignant l'ex:ez de mon ardeur.
feta point de tort à ma chafte pudeur.

H

SCENE V.

LES TROIS SATYRES. AMARILLIS.

1. Satyre.

A Pres tant de trauaux il faut faire curée;
Courage, Amy, voicy noſtre poule égarée.

AMARILLIS.

Infames, laiſſez-moy?

2. Satyre.

Nous ne vous laiſſons pas,

1. Satyre.

Vous auez beau crier, vous paſſerez le pas,

AMARILLIS.

Au ſecours mes Amis ? on m'enleue ? on m'emporte ?

3. Satyre.

Allons , il faut venir.

AMARILLIS.

Ah bons Dieux ! ſe ſuis morte.

1. Satyre

Ah vous n'en mourrez pas , suiuez-nous prompte-
ment.

SCENE VI.

PHILIDAS. LES SATYRES. AMARILLIS.

PHILIDAS.

Bouquins ie suis à vous ? attendez seulement ?
Vous mourrez de ma main , ou vous lâcherez
prise.

2. Satyre.

Diable de ce grand coup i'ay la hanche demise.

PHILIDAS.

Quoy ? vous me resistez ?

1. Satyre.

Peste qu'il frappe fort.

3. Satyre.

Il se faut retirer.

1. Satyre.

Ha bons Dieux ie suis mort ?

H ij

PHILIDAS.

Sans moy, belle Bergere, ils vous auoient rauie.

AMARILLIS.

I'auoüe, ô Philidas, que ie vous doy la vie.
Mais quel si grand bon-heur guidant icy vos pas
M'a presté ce secours que ie n'attendois pas ?

PHILIDAS.

C'est l'effet seulement de mon obeïssance,
Et vous ne m'en deuez nulle reconnoissance.
Mais que iugerez vous de mon affection,
M'estant treuué si tard à l'assignation?

AMARILLIS.

Quelle assignation ?

PHILIDAS.

       Vous semblez estonnée
A l'assignation que vous m'auez donnée.

AMARILLIS.

Moy ie vous ay donné quelque assignation?

PHILIDAS.

Et d'où vous peut venir cette confusion?

AMARILLIS.

Quoy, ie vous attendois?

PHIILIDAS.

       La chose est tres-certaine.

AMARILLIS.

En quel endroit encor?

PHILIDAS.

Au bord de la fontaine,
Soyez vn peu sensible aux rigueurs de mon sort,
Vous connoissez Cleonte, il m'a fait ce rapport.

AMARILLIS.

Et que vous a-t'il dit?

PHILIDAS.

Qu'à la fin mon martyre
Vous auoit disposée à l'Hymen où i'aspire.

AMARILLIS.

Vous croyez, Philidas, vn peu legerement,
Ie ne l'ay point chargé de ce commandement,
L'amour ne permet pas à vostre réuerie
De discerner le vray d'auec la raillerie,
Cleonte vous gaussoit.

PHILIDAS.

Ces cheueux toutesfois
Me doiuent confirmer le rapport de sa voix,
Il a receu pour moy ce fauorable gage,
Par qui vous témoignez de cherir mon seruage.

AMARILLIS.

Donnez que ie le voye.

PHILIDAS.

Il vient de vous.

AMARILLIS.

O Dieux?

Dois-je auoüer icy mon oreille, & mes yeux?

PHILIDAS.

D'où naissent vos soupirs & voftre inquietude?

AMARILLIS.

Est-il vn crime égal à ton ingratitude?
Traistre? lâche Tyran de mes affections,
Tu reconnois ainfi mes chaftes paffions?
Barbare? indigne objet du fejour où nous fommes?
Pefte de l'Vniuers? le plus méchant des hommes!

PHILIDAS.

O Dieux! qui rend ainfi voftre efprit furieux?
Pourquoy me donnez-vous ces noms iniurieux?

AMARLILIS.

Ie ne vous parle pas, i'adreffe ces iniures
Au pire des mortels, au plus grand des pariures;
Qui meritoit le moins l'honneur de mon amour,
Et le plus beau pourtant qui refpire le iour.

SCENE VII.

CLEONTE, TYRENE, AMARILLIS,

PHILIDAS,

CLEONTE.

TV n'en peux plus douter, entens d'icy sa pleinte,
Et loüë auecque moy cette agreable feinte.

AMARILLIS.

Quelle rage est pareille à mon reffentiment ?
Et qui me vangera de ce perfide Amant ?
Si vous feruez, Berger, mon amour outragée,
Et si par voftre bras ie puis eftre vangée,
Vous ne pouflerez plus d'inutiles foupirs,
Mon inclination fe range à vos defirs ;
Vn hymen bien-heureux terminera vos pleintes,
Si comme ies ardeurs les voftres ne font feintes,
Percez ce lâche fein que ie n'ay fceu blefler.

CLEONTE venant à elle.

Il m'obligeroit fort s'il s'en pouuoit pafler.

AMARILLIS.

Quoy tu parois encor, deteftable pariure ?
Et tu n'efperes pas qu'on venge mon iniure ?

H iiij

CLEONTE.

Vous m'accusez à tort, adorable beauté,
Tyrene répondra de ma fidelité,
Il est l'vnique objet de l'ardeur qui m'enflame,
Il possede tout seul, & mon cœur & mon ame.
Nos destins sont vnis par vn mesme lien,
Et si quelqu'vn m'attaque, il defendra son bien.

AMARILLIS.

A t'il perdu le sens?

CLEONTE.

Oüy, car i'aime vn volage,
Qui trahissoit pour vous vne foy qui l'engage,
Mais il ressent enfin sa premiere amitié.

AMARILLIS.

Dieux qu'il est insensé! croit-il estre Bergere?

CLEONTE.

Iugez-le par ce sein.

AMARILLIS.

O merueilleux mystere!
Qu'vne agreable feinte a nos yeux abusez!
I'excuse maintenant si vous me méprisez.

PHILIDAS.

O Dieux qui l'eust pensé?

CLEONTE.

Pour bannir ma tristesse,
I'ay voulu dans ces lieux éprouuer mon adresse,
Et Tyrene douroit sçachant vostre rigueur,
Que i'eusse assez d'attraits pour toucher vostre cœur.
Par diuertissement i'entrepris cette feinte,
Aduoüez, sans rougir, que vous estiez atteinte,
Mais quels sont vos desirs, ie ne puis rien pour vous,
Philidas vous promet des passe temps plus doux.
Et par le doux lien d'vne ardeur mutuelle,
Vous deuez reconnoistre vn Amant si fidelle.

AMARILLIS.

Ie reçoy, Philidas, vostre cœur de sa main,
Vous n'accuserez plus, ny rigueur ny dédain,
Me voila disposée à vous rendre iustice,
Et vous deuez ce bien à ce doux artifice:
Adieu, retirons-nous, & viuons tous contens.

CLEONTE.

Il faut encor ioüyr d'vn autre passe-temps,
Aimable Amarillis, si i'ay sceu vous surprendre
De mes ruses Daphné, n'a pas sceu se defendre,
Il faut l'aller chercher.

SCENE VIII.

DAPHNE seule.

Ma sœur est endormie,
Et ie puis maintenant tromper cette ennemie,
Cleonte en cet instant se viendra rendre icy,
Afin de me conter son amoureux soucy.
I'entends du bruit, c'est luy.

SCENE IX.

CELIDAN, DAPHNE.

CELIDAN.

I'apperçoy cette Belle,

DAPHNE.

Cher Cleonte, est-ce vous?

CELIDAN.

Et vous m'estes fidelle,
Ie plais seul à vos yeux, vous m'aimez constamment?
Et ma ialouse humeur n'a point de fondement?

DAPHNE'.

O Dieux, c'eſt Celidan?

CELIDAN.

Cleonte vient, méchante,
Afin de vous conter ſon amour violente,
Et pour vous diuertir i'ay deuançay ſes pas,
Vous le verrez bien toſt, ne vous ennuyez pas.

DAPHNE'.

Que dit cet inſenſé?

CELIDAN.

Faut-il que ie le die,
Le Ciel, ame ſans foy, punit ta perfidie,
Cleonte s'eſt mocqué, ce vainqueur glorieux
Te fait ſeruir de fable aux Amans de ces lieux,
Il rit de tes faueurs, mépriſe tes careſſes,
Et ne te daigne mettre au rang de ſes Maiſtreſſes?
Le ſuperbe qu'il eſt ne conſidere pas
Entre tant de beautez de ſi foibles appas,
Il te plaint en ſon cœur quand tu crois qu'il t'adore,
Voy cette Lettre.

DAPHNE'.

O Dieux!

CELIDAN.

Et tu m'aimes encore?
Ie me plaignois à tort, la conſtante beauté,
O miracle d'amour & de fidelité!

DAPHNE.

Il a t'a donné la Lettre?

CELIDAN.

Oüy, luy-mesme, & ie iure,
L'éclat de tes beaux yeux qui m'ont fait cette iniure,
Et pensant obliger ma chaste affection,
Il m'enuoye à sa place à l'assignation.
Fais estat maintenant du beau nœud qui t'arreste,
Voy s il t'est glorieux de vanter ta conqueste,
Ie l'apperçoy qui vient.

SCENE DERNIERE.

DAHPNE, CLEONTE, CELIDAN, TYRENE, PHILIDAS, AMARILLIS, LISIMENE, CLIMANTE.

DAPHNE.

Que t'arrache son cœur,
Et que ie foule aux pieds ce superbe vainqueur.

CLEONTE.

Qu'est-ce? que voulez-vous?

DAPHNE.

Ce que ie veux, infame?
Laissez,

Laiffez, donnez ce fer, ou m'en arrachez l'Ame,
Mon affront vous plaift-il, & me déniez-vous
Le moyen d'alleger vn fi iufte couroux?

CLEONTE.

Quoy? vous eft-ce vn affront que mon indifference?
Qu'eft-ce qu'vn inconnu doit à voftre efperance?
Dois je aimer à la fois mille ieunes beautez,
Dont mes yeux fans deffein forcent les libertez?
Efperez-vous l'effet de mes vaines promeffes?
Voulez-vous qu'vn feul homme époufe cent Mai-
                 ftreffes?

TYRENE.

Dieux! qu'elle fçait bien feindre!

AMARILLIS.

                          Ah ma fœur! c'eft affez,
A voir de vains difcours vos defirs trauerfez,
Cleonte vous adore, & quoy qu'il diffimule,
L'effet vous prouuera le beau feu qui le brûle,
L'honneur de vos baifers eft ton bien le plus doux,
Et cette mefme nuict il couche auecque vous.

DAPHNE'.

Ce qui vous feroit bon, ne l'offrez point à d'autres,
Et ne preferez point mes interefts aux voftres.

AMARILLIS.

Quoy, vos feux font efteints? & vos fers font vfez?
Ie l'accepteray donc fi vous le refufez
C'a, prenons cent baifers fur cette belle bouche,
Ie fuis à vous, Cleonte, & vous offre ma couche.

I

AMARILLIS,

DAPHNE'.

Elle a perdu l'esprit! Dieux, qu'est-ce que i'entends?

AMARILLIS.

Ie parle tout de bon.

TYRENE.

O le doux passe-temps!

CLEONTE.

Madame, i'aime aussi cette rare merueille,
Et pour vos deux beautez, mon ardeur est pareille,
Vous deuez toutes deux accorder à mes maux
De pareilles faueurs, & des plaisirs égaux.

DAPHNE.

Que dit tét insensé?

LISIMENE.

Dites cette insensée,
Reconnoissez l'erreur dont vostre ame est blessée,
Ce Caualier est fille, & ce soir mesmement
Pourroit auecque vous coucher innocemment.

DAPHNE'.

O Dieux! ie doute icy, si ie voy la lumiere!

AMARILLIS.

Il se faut consoler, i'ay failly la premiere.

Pour le mesme que vous nous l'auons estimé,
Certes vn tel Amant pouuoit bien estre aimé ;
Vne faute si belle est tousiours pardonnable.

DAPHNÉ.

Ie suis toute confuse ! ô l'erreur agreable !
Excuse, Celidan, mon infidelité,
Ou bien de cette offense accuse sa beauté.

CELIDAN.

Ie rentre en ma prison sans en auoir de honte.

TYRENE.

Pour moy tous mes desseins retournent à Cleonte ;
Ie ne troubleray plus vostre contentement ;
Ie ne passeray plus pour importun Amant ;
Mon cœur a pour Belise vne ardeur sans pareille,
Me pardonnez vous pas, adorable merueille ?
Nos parens là dessus nous donneront conseil·

LISIMENE.

Et bien esperiez-vous vn changement pareil ?

PHILIDAS.

Ie vanteray par tout vostre feinte agreable.

CELIDAN.

Lignon n'en a point veu qui luy soit comparable.

TYRENE.

Puisque ce doux effet nous comble de plaisirs,
Et que nostre bon-heur esgale nos desirs.

Afin de couronner tant d'amoureux mystéres,
Il faut, heureux Bergers, il faut belles Bergeres,
Sur les Autels d'hymen, demain au poinct du iour,
De cet éuenement rendre grace à l'amour.

Fin du cinquiéme Acte.

Extraict du Priuilege du Roy.

PAr grace & Priuilege du Roy donné à Roy en datte du dernier Septembre 1636. Et signé Par le Roy en son Conseil, DE MONCEAVX Il est permis à ANTOINE DE SOMMAVILL Marchand Libraire à Paris, d'imprimer ou faire imprimer, vendre & distribuer vne piece de Theatre, de la composition du Sieur de Rotrou, intitulée La Celimene, durant le temps & espace de sept ans, à compter du iour qu'elle sera acheuée d'imprimer: Et defenses sont faites à tous Imprimeurs, Libraires & autres, de contrefaire ladite piece, ny en vendre, ou exposer en vente de contrefaite, à peine de trois mil liures d'amende, & de tous ses despens, dommages & interests, ainsi qu'il est plus amplement porté par lesdites Lettres, qui sont en vertu du present Extraict tenuës pour bien & deuëment signifiées, à ce qu'aucun n'en pretende, cause d'ignorance.

Ledit Sommauille a associé au Priuilege cy-dessus Toussaint Quinet, aussi Marchand Libraire pour moitié, suiuant l'accord à cet effet fait entr'eux.

Acheué d'imprimer le quinziéme Iuillet 1651.

Les Exemplaires ont esté fournis.

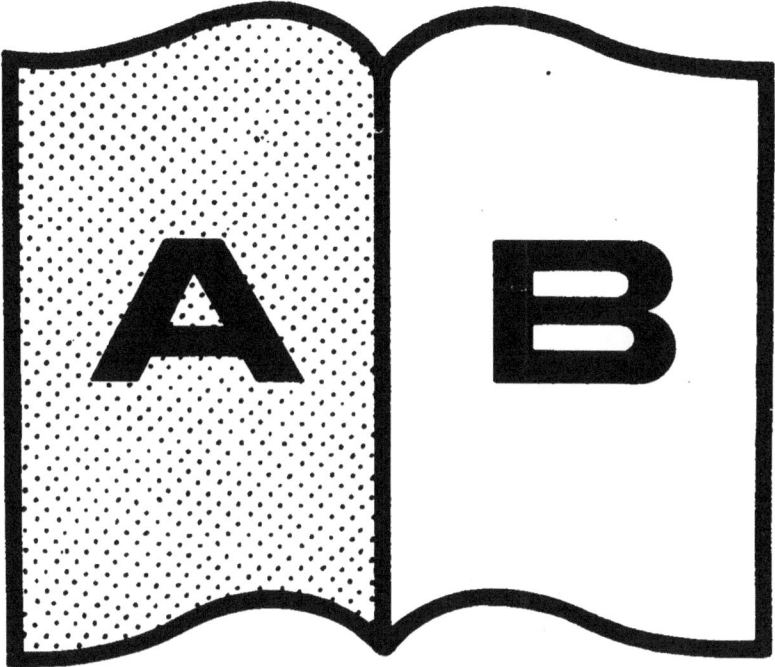

Contraste insuffisant

NF Z 43-120-14

www.ingramcontent.com/pod-product-compliance
Lightning Source LLC
Chambersburg PA
CBHW060635100426
42744CB00008B/1638